उत्तम नागरिक कैसे बनें?

हर पीढ़ी के लिए जीवन के 27 अनुभव

डॉ राजीव किशोर दुबे
एडवोकेट अतुल दुबे

INDIA · SINGAPORE · MALAYSIA

ISBN 979-8-88815-662-9

समर्पण

हमारे आदर्श मार्गदर्शक जिन्होंने हमें आदर्श मानव जीवन
के अर्थ का बोध कराया

पिताश्री स्वर्गीय बाबूलालजी दुबे एवं   पिताश्री स्वर्गीय राम प्रसादजी दुबे एवं
माता श्रीमती स्वर्गीय सीता दुबे   माता श्रीमती स्वर्गीय उषा दुबे

हम यह पुस्तक अपने माता पिता को समर्पित करते हैं जो
हमारे प्रेरणा स्त्रोत रहे।

ॐ

श्री गुरुदेवाय नमः!

जय श्री राम   जयश्री कृष्णा

एक आदर्श जीवन जीने के लिए
यह पुस्तक अति उपयोगी है
ये पुस्तक हम सा हर व्यक्ति के
लिए बहुत ही प्रेरणा दायक है।
इस प्रकार यदि इसे अपने जीवन
में अपनाए तो हमारा जीवन
निश्चय ही सार्थक होगा
मेरी हार्दिक शुभकामनाए
यह पुस्तक सह समाज को एक
नई दिशा प्रदान करेगा।

       शुभ आशीष.
       स्वामी खिम्यादास

स्वामी खिम्यादास (सतना)
राष्ट्रीय अध्यक्ष
अखिल भारतीय सिंधू संत समाज ट्रस्ट

संदेश

अपने सुबह की शुरूवात प्रसन्नता से करें। सोचे इस धरती का सबसे अधिक भाग्यशाली व्यक्ति मैं हूँ। कि आज मुझे नया दिन देखने को मिला। जीवन से बड़ा धन नहीं है। प्रभु से प्राथना करें, संकल्प करें, कि है परम पिता परमात्मा आपकी कृपा से मेरे को नया दिन मिला है, इसे अनुकूल बनाये, प्रसन्नता से भर दें, खुशी के उत्सव से भरा हो, चिंता पर भी प्रसन्नता छाये रहे। प्रसन्नता को अपने जीवन का अंग बनाये। प्रसन्नता को जीवन का लक्ष्य बनाने। जीवन स्वर्णिम, आत्मिक आनन्दमय व संतोषमय हो जाएगा।

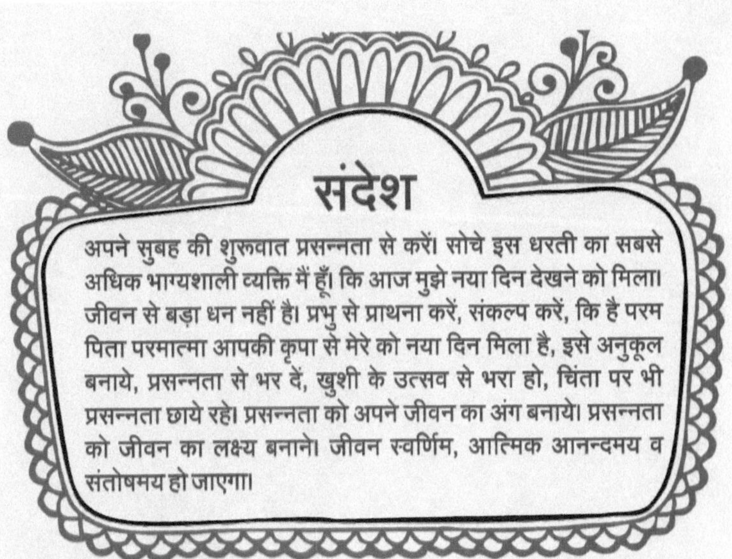

परम पूज्यनीय

108 मुनि श्री प्रमाण सागर महाराज जी के कर कमलों में आशीर्वाद प्राप्त करने हेतु सादर समर्पित आपका एंव आपके आचरण पर चलने का प्रयास करने वाला

अतुल दुबे

पूज्य पिता जी की पुण्यतिथी
दिनांक 8.2.21

प्रेरणा स्रोतः

ईश्वर की कृपा से, हम मनुष्य के रूप में पैदा हुए हैं।

हमारे माता-पिता पूज्य माता जी स्वर्गीय श्रीमती सीता देवी दुबे एवं पिताजी स्वर्गीय श्री बाबू लालजी दुबे, तथा बहनें - शैल दीदी, रंजन दीदी और मीना, चंचल, सीमा और आभा।

पूज्य माता जी स्वर्गीय श्रीमती उषा दुबे एवं पिताजी स्वर्गीय श्री राम प्रसादजी दुबे, तथा बड़े भाई श्री मुकुल दुबे साथ में, बहनें - विनीता, आरती और अर्चना।

हम सभी को अच्छी तरह से शिक्षित करने और हमें बनाने में बहुत ध्यान दिया। सभी सक्षम हैं और हमें हमेशा सही रास्ता दिखाते हैं।

जीवन में कुछ ज्ञानवर्धक घटनाओं ने हमें सकारात्मक, आशावादी और स्थापित किया एवं हमारी सोच, कथन, कार्य, दृष्टिकोण में हमारा विश्वास, दृढ़ संकल्प और सच्चा जीवन जीने का मार्ग बताया।

हमारा विश्वास हमारी ताकत, दूसरों के सहयोग एवं भगवान में और पुख्ता किया।

अनुक्रम

अध्याय-1

प्रिय पुत्र सम्मान नहीं दो किन्तु अपमानित भी ना करो

किन्तु वाह रे। पढ़े लिखे, ज्यादा शिक्षित, ज्यादा कमाने वाले, उच्च पदों या ज्यादा वेतन पर आसीन पुत्रों का यह व्यंग्य बड़ा मजाकिया है कि पिता जी यह जेनेरेशन गैप है। "आप नहीं समझते हो।" यह प्रायः हम आप सभी को सुनने को मिल जाता है। ऐसा नहीं है पुत्रों। पीढ़ी तो बदलेगी। नई पीढ़ी आती रहेगी, आपके बाद भी आती रहेगी। यह प्रकृति

एवं परम पिता परमेश्वर का विधान है, इसे कोई बदल नहीं सकता है। हे पुत्रों। क्या यही शब्द जेनेरेशन गैप आप अपने पुत्रों से सुनने एवं सहने के लिए तैयार है। मुझे याद है और अभी भी मैं कुछ परिवारों में जाता हूँ तो देखता हूं कि पिता जी या बड़े भाई का सभी सदस्य सम्मान करते है, उनका कहना मानते है, और अपनी कोई बात हो तो धीमी आवाज से विनय पूर्वक आग्रह के साथ करते है, यहां तक कि बच्चे अपने पिता जी के समक्ष बैठने में संकोच करते है। लेकिन ऐसे सांस्कारिक परिवार का प्रतिशत बहुत ही कम लगभग 0.50% प्रतिशत रह गया है।

माता-पिता जी ने भी अपने समय में प्रचलित एवं उपलब्ध एवं अपनी बेहतर सामर्थ्य से उच्च शिक्षा प्राप्त किया था और यह शिक्षा, विज्ञान, तकनीकी आदि दिनों दिन विकसित एवं अपडेट होते रहेंगे ओर ठीक इसके विपरीत माता पिता जी की शक्ति मानसिक, शारीरिक सामर्थ्य, ग्रास्पिंग पावर क्षीण या कमजोर होती रहेगी। जो प्रत्येक मानव के साथ उम्र के हर पड़ाव पर होना है। इसमें उस बेचारे, निरीह, माता-पिता जी का क्या दोष है? यह शारीरिक एवं मानसिक शिथिलता तो पुत्रों के साथ भी समय के अनुसार आयेगी। पिता जी ने अपने समय में अच्छा जीविकोपार्जन कर गृहस्थ के सभी रीति-रिवाज, सामाजिक एवं पारिवारिक उत्तरदायित्व निभाएं और पुत्रों व बच्चों का पूरा ध्यान रखते हुए उन्हें बेहतर शिक्षित एवं काबिल बनाया। उन्हें कोई कमी नहीं होने दी। जिसके बदौलत पुत्र जी आप उच्च पद पर बैठकर अच्छे

पैकेज में पैसा कमा रहे है। लेकिन पुत्र यह सब भूलकर यह साबित करने का प्रयास करता है कि यह मेरी मेहनत है। पिता जी तो पुराने विचारों के है। ठीक है, मेहनत तो अवश्य पुत्र की रहती है, किन्तु सही दिशा, गाइडेंस, परवरिश एवं अच्छा सकारात्मक माहौल तो पिता जी ने ही उपलब्ध कराया था। अरे यार! यह तो पिता जी की Duty थी। कर्तव्य था। उन्हें करना ही चाहिये, नहीं तो कौन करेगा। वाह- क्या तर्क है? उनकी Duty कर्तव्य था। और पुत्र जी आपका। नहीं यार मेरे पास समय नहीं है। तो क्या पिता जी के पास समय था, वे भी यही तर्क दे सकते थे। मुझे इस संदर्भ में एक बहुत अच्छी किताब याद आती है- जैन आचार्य रत्न सुंदरी महाराज जी की... विस्मरण से स्मरण की ओर। यह किताब पढ़कर कई बार दिल पिघल कर आंसू बहाता है। काश यह किताब पुत्र भी पढ़ते। नहीं नहीं - अभी हमारे दिन यह सब किताब पढ़ने एवं अध्यात्म के नहीं है। कोई उम्र, कोई दिन, कोई अवस्था किसी अच्छी चीज को पढ़ने व सीखने की नहीं होती है। यदि उम्र की बात करें तो कितने ही भगवत वाचक या संत जी की उम्र बहुत ही कम लगभग 20 वर्ष के आसपास की होती है। या नाबालिग होते है। पुत्र जब छोटा होता है तो कई बार गिरता है, फिसलता है, तब माता-पिता ही सहारा देकर संभालते है। आज जब पिता जी कमजोर हो गये है तो तुम्हें क्यों नहीं संभालने चाहिये? पुत्र जब छोटा होता है तो एक बात को कई बार पूछता है, पिता जी प्रेम से बार-बार दुलार से उसे वही एक उत्तर देते है, थकते नहीं। अब जब

पिता जी को ऊंचा सुनाई देता है, दुबारा कोई बात पूछते है. तो तुम्हें बताने पर गुस्सा क्यों आती है? कई बार तो मैंने सुना है व देखा है कि पुत्र की शादी है और किसी बात या इंतजाम पर पुत्र भड़क जाता है, और कहता है कि शादी मेरी हो रही है कि आपकी। या ऐसा नहीं होगा तो आप ही बारात लेकर चले जाना। इसी तरह कई पर मेहमानों के सामने कुछ भी बोलने में पुत्र कोई संकोच एवं शर्म नहीं करते। यही है क्या, हमारे मॉडर्न व एडवांस होने की भाषा व संस्कार?

पहले वृद्ध-आश्रम कम होते थे या नहीं एवं गुरुकुल होते थे किन्तु अब ठीक इसके विपरीत, गुरुकुल कम एवं वृद्ध-आश्रम ज्यादा होते जा रहे है। वृद्ध-आश्रम बढ़ने का एक कारण यह भी है-पुत्र द्वारा कठोर रवैया अपनाकर पिता जी को अपमानित करना एवं अपने उत्तरदायित्व को न निभाना। अभी मैं एक वृद्ध-आश्रम में गया, वहां एक बूढ़ी दादी उम्र 80 वर्ष का पैर टूटा था, बिस्तर पर थीं। हमने पूछा-यह कैसे टूटा है तो बोलीं मेरा पोता मेरे लड़के को मारने (याने अपने पिता को) दौड़ा एवं हमने बचाने की कोशिश किया, तो पैर टूट गया। वाह क्या बात है? लेकिन यहीं एक पुण्य कार्य भी देखने को मिला कि उस दादी का वही पुत्र उम्र लगभग 65 वर्ष अपनी मां की सेवा में मग्न था। लिखने को तो बहुत कुछ है किन्तु आज यह बहुत स्पष्ट व साफ है कि माता-पिता जी की दुर्दशा हो रही है और वह दीन हीन पिता मोह में बंधा है, समाज के अपमान से बंधा है, नहीं तो देश के कानून पूर्णरूप से माता-पिता के

पूछा मैंने भगवान से स्वर्ग का पता। उसने अपनी गोद से उतारकर माँ की गोद में बैठाया।

पक्ष में है एवं सरकार ने पूर्णरूप से माता-पिता को संरक्षण दे रखा है।

निष्कर्ष:- किन्तु वह दीन हीन पिता प्रभु से प्रार्थना करता है कि मुझे अपनी शरण में ले लो या मेरे पुत्र को सद्बुद्धि दे कि वह मेरा कतई सम्मान न करे, किन्तु मुझे अपमानित भी न करे।

अध्याय-2

युवा पीढ़ी की बिगड़ती दिनचर्या

अत्यंत खेद के साथ लिख रहा हूँ कि आज की युवा पीढ़ी का ज्यादातर प्रतिशत अपनी दिनचर्या को नियमित नहीं रखते और इसके लिये उनके पास ढेर सारे तर्क/बहाने हमेशा उपलब्ध रहते है। उन्हें उनका फल, परिणाम, रिजल्ट भी प्राप्त हो रहा है कि वे कम उम्र की आयु में विभिन्न तरह की

बीमारियों से ग्रस्त है, डॉक्टर एवं दवाई के आधीन जीते है। हमने एक लेख पढ़ा था कि आज बच्चे अपनी बिगड़ी लाइफ स्टाइल के कारण अपना जीवन काल 10 वर्ष कम कर रहे है और जब तक जीते है तब तक अशांति से एवं लड़खड़ाती चलती गाड़ी के समान जी रहे है। छात्र कहते है कि रात में पढ़ाई अच्छी होती है तो रात में जगते है। यदि नींद आती है, तो काफी, चाय पीकर नींद उड़ाते है या टाल देते है। नौकरी, पेशा, वेतन वाले बच्चे कहते है कि काम ज्यादा है, कंपनी भी ऑफिस से ढेर सारा काम दे देती है कि हम तुम्हें लेप टाप दे रहे हैं, यह काम करो।

लेकिन यह सर्वसम्मत है कि रात की नींद जो होती है वह दिन की नींद कभी पूरा नहीं कर सकती है। भगवान ने एवं प्रकृति ने रात सोने के लिये बनाई है। बच्चों को शुरू में स्कूल में पढ़ाया जाता है कि रात को जल्दी सो, सुबह जल्दी उठो। **या अर्ली टू बैड, अर्ली टू राइज** लेकिन आज ठीक इसके विपरीत हो रहा है, रात देर से सो एवं सुबह देर से जागो। सुबह जब देर से उठेंगे, दिन छोटा होगा और महसूस होगा। जल्दी-जल्दी हड़बड़ी में सब कार्य होंगे। कुछ भूलेंगे, कुछ गल्ती होगी, खूब गुस्सा होंगे घर वालों पर। दिनभर थकान महसूस करेंगे। उन्हें अन्य विटामिन या विटामिन डी की भारी कमी रहती है। क्योंकि उन्हें सुबह सूर्य का प्रकाश धूप नहीं मिलता है। फिर दिन भर उन्हें ए.सी. में रहना व चलना है। ठीक इसके विपरीत जो सुबह उठकर मॉर्निंग वाक में जाते है, वे हमेशा शारीरिक व मानसिक रूप से तरोताजा एवं स्वस्थ

रहते है और स्वभाव भी शांत संयमित, मधुर एवं कार्यप्रणाली काफी सुलझी एवं कार्य क्षमता बढ़ी हुई होती है। पशु, पक्षी, चिड़ियाँ भी सुबह जल्दी उठकर, विचरण करते है या उड़ते है और हमें मधुर संगीत सुनाते है। जबकि वह पढ़े लिखे नहीं होते है, हमारे लिए प्रेरणादायक है।

इस बारे में वैज्ञानिकों आदि ने काफी खोज परीक्षण किया एवं परिणाम यही रहा है कि सुबह उठकर घूमने वाला व्यक्ति एवं दिन भर नियमित चर्या वाला व्यक्ति अन्य लोगों की अपेक्षा कई गुना बेहतर होता है। शारीरिक श्रम एवं खेलकूद-योग आदि में रूचि न होने के कारण आज युवा पीढ़ी शारीरिक रूप से भी शिकस्त होते जा रहे है। मैं नियमित रूप से बेडमिंटन कलेक्ट्रेट आफीसर्स क्लब के विगत 30 वर्षों से खेल रहा हूँ। जबलपुर या इलाहाबाद या बाहर जाता हूँ तो अपनी किट लेकर जाता हूँ। तो वहां भी खेलता हूँ। मेरी उम्र 64 वर्ष आज 2020 में है एवं चार-पांच गेम नियमित रोज खेलता हूँ। मैं देखता हूँ कि जहां भी मैं खेलने जाता हूँ वहां बच्चे खेलने नहीं आते। 45 वर्ष से ज्यादा उम्र के लोग खेलने आते है। यदि कभी कभार एक-दो बच्चे आ भी गये तो खेल भयंकर खराब। हाँ 10% बच्चे जिम जरूर आने लगे है, किन्तु ज्यादा दिन नहीं कर पाते है एवं जिम छोड़ने पर शरीर बैडोल हो जाता है। योग शरीर के लिये बहुत लाभदायक रहा है, जो जीवनपर्यन्त किया जा सकता है। योग कहीं भी, कभी भी कर सकते है, इसमें कोई सामान की भी जरूरत नहीं पड़ती है, इससे शारीरिक बल, लचक एवं मानसिक संबल मिलता है। किन्तु योग शिविर में 40 वर्ष से ज्यादा के व्यक्ति या

जीवन क्या है? उत्तर-मोबाइल से बचा हुआ समय।

रोग ग्रस्त लोग ही आते है, मुश्किल से 5% बच्चे आते है। खानपान, रहन सहन आदि बच्चों का इतना बिगड़ा हुआ है, कि मोटापा, थुलथुल शरीर, चश्माधारी आदि गुणों से पूर्ण एवं सुशोभित होते हैं, गिर पड़े तो उठाना पड़ता है सहारा देकर। यह सब पाश्चात्य खाना पीना जैसे मैगी, बर्गर, पीजा आदि एवं मैदा से बनी वस्तुओं एवं कोल्ड ड्रिंक का परिणाम है। मुझे याद है हम लोग बचपन में खेलते थे कई खेल जैसे फुटबाल, हॉकी, क्रिकेट, गुप्पी, पिड्डू, खो-खो, टीप रेस आदि। और घर आकर टीन में रखे लड्डू आदि खाते थे। अब यह खेल एवं लड्डू आदि विलुप्त सा हो गया है। आज यह हालात है कि लोग अपनी अनियमित दिनचर्या से स्वयं तो अस्वस्थ रहते है एवं परेशान रहते है, वे अपने घर के अन्य सदस्यों को भी परेशान करते है। एवं अपने ऑफिस, दुकान एवं समाज में सामान्य व्यवहार नहीं कर पाते।

निष्कर्ष:- हे मेरे युवा वर्ग, भारत वर्ष के कर्णधार अपने जीवन को अच्छा, सुंदर, स्वस्थ एवं शांत बनाएं एवं अपनी दिनचर्या (लाइफ स्टाइल) नियमित एवं सार्थक बनाकर देश के विकास में अपना अभूतपूर्व एवं महत्वपूर्ण योगदान देकर परिवार, समाज व देश का कर्ज उतारने का प्रयास करें।

> जो अपने नियम नहीं बनाता, उसे दूसरों के नियम पर चलना पड़ता है।

अध्याय-3

गृहिणी (पूज्य नारी)

"गृहिणी" शब्द तीन एवं एक आधे शब्द से बना है। "गृ" से घर का अर्थ लगाया जाता है। जो स्त्री "गृ" की मान मर्यादा की सीमा तोड़ देती है। उसका यह कृत्य 'हर' को इस तरह माना जाता है कि यदि शुरू का शब्द गृह व अंत का शब्द णी हटा दें. तो शब्द 'रह' कहलाता है और इसे उल्टा कर दें तो कहलाता है, "हर"। याने जिसने घर की मान मर्यादा शांति को हर लिया है।

प्रत्येक ईंट, सीमेंट, लोहा, बालू आदि सामान से बनी इमारत को मकान कहते है। लेकिन वह इमारत घर तब कहलाता है जब उसमें घर वाली गृहिणी हो।

प्रत्येक समाज में स्त्री, नारी को प्रथम स्थान प्राप्त होता है और हमारे भारत वर्ष में स्त्री, नारी को प्रथम स्थान प्राप्त होता है और हमारे भारत वर्ष में स्त्री का सम्मान होता है। इसलिये कहा जाता है कि माता-पिता जी राधे-गोविन्द, सीता-राम आदि। कभी भी पिता-माता, गोविन्द-राधे, राम-सीता नहीं कहा जाता है।

स्त्री जननी है, स्त्री के पास जन्म देने की शक्ति है और स्त्री ने ही महान विभूतियों एवं नर को जन्म दिया है। स्त्रियों को हमेशा नारियोचित गुण से विभूषित होना चाहिये।

और इसके लिये प्रत्येक नारी को पांच क्रम से गुजरना होता है -

1. कन्या: प्रथम रूप कन्या का होता है। जो मर्यादा में रहकर अपने शील को सुरक्षित रखते हुए, अच्छी शिक्षा व संस्कारों को ग्रहण करें एवं विकास करें।

2. बहू: बहू के रूप से वह किसी घर में विवाहित होकर जाती है तो अपने प्रेम, करूणा व वात्सल्य की धारा उड़ेलते हुए, घर के काम-काज को संभालते हुए सास, ससुर व पति, बुजुर्ग की सेवा व आदर करें।

3. जननी: यह गुण केवल नारी को ही प्राप्त है। इसी से सृष्टि का निर्माण एवं विकास होता है। शिशु को जन्म देकर उसे अच्छे व उत्तम संस्कारों से परिपूर्ण करना

प्रत्येक मां का पावन कर्तव्य है। बच्चे की प्रथम गुरू माता ही होती है। इसलिये कहा गया है कि 1000 पिता के बराबर माता का दर्जा होता है।

4. भार्या: पतिव्रता होना स्त्री का कर्तव्य है। पति का ख्याल सेवा करना स्त्री का धर्म एवं कर्तव्य है। पति की सहचरी, मित्र एवं अर्धांगिनी का रोल अदा करना चाहिये।

5. कुटुम्बनी: घर की मान-मर्यादा का ध्यान रखते हुए सभी कार्य करना चाहिये। जिससे पति के कुटुम्ब व माता-पिता के घर की कीर्ति बढ़े। इसलिये कहा जाता है कि पति तो एक कुल का सम्मान बढ़ाता है याने अपने। किन्तु पत्नी दो कुल का सम्मान बढ़ाती है, अपने पति का और दुसरा अपने माता पिता जी का। इसलिये कहते है कि स्त्री या पत्नी घर की धुरी होती है।

जिस तरह नदी दो पाटों (किनारों) के बीच में रहती है तो खेत को सिंचित करती है और पीने को पानी देती है। लेकिन जब यही नदी जब अपने पाटों (किनारो) को लांघ (पार) लेती है, तो बाढ़ एवं तबाही का भयावह रूप ले लेती है। उसी तरह नारी जब मान-मर्यादा एवं नारियोचित पाटों के बीच रहती है तो एक स्वस्थ सांस्कारिक घर एवं समाज का निर्माण होता है, जहां कलह एवं अशांति का स्थान नहीं रहता है। लेकिन जब स्त्री मान मर्यादा की सीमा तोड़ देती है तो कलह, अशांति का घर एवं विकृति समाज का निर्माण होता है।

स्त्री ही मूर्ति है- ममता की, करुणा की, गुरु की।

नारी को न केवल शिक्षित होना चाहिये, बल्कि उसे सुशिक्षित होना अत्यंत जरूरी है। उसमें बुद्धि होना चाहिये लेकिन उसकी शुद्धि होना बहुत जरूरी है। स्त्री ज्ञान वान हो, लेकिन उसके साथ ही उसे विवेकशील, धैर्यवान भी होना जरूरी है। यदि नारी व्यवस्थित एवं समझदार है तो घर व समाज की पूरी व्यवस्था उत्तम रहती है।

किसी दार्शनिक ने पति-पत्नी को स्तंभ व लता का रूपक दिया है कि पति मजबूती शौर्य के स्तंभ के रूप में खड़ा रहता है और पत्नी उसके साथ लता जैसे लिपटकर ऊपर बढ़ती रहती है। लेकिन अब पत्नी से प शब्द हटा दे तो केवल तनी बचता है। याने पत्नी हमेशा पति पर तनी रहती है।

पहले के समय में, पत्नी पति की और आंख उठाकर नहीं देखती थी और हमेशा आप शब्द का सम्बोधन करती थी। पति का नाम भी नहीं लेती थी। लेकिन अब ज्यादातर देखने को मिलता है कि पत्नी हमेशा पति को 'तुम' या उसका 'नाम' लेकर सम्बोधन करती है। पहले जरूरत पड़ने पर पत्नी अपने पति का नाम जरूरत पड़ने पर कोई रूपक, इशारों या संकेत से बता देती थी।

पहले पति पत्नी स्वस्थ गृहस्थ जीवन प्रेम एवं आनंद से निभाते थे। अब ज्यादातर पति पत्नी एडजस्ट (Adjust) करते हैं। दम्पति अब गमपति हो गये हैं। गम में जीते-जीते तलाक की सोचने लगे है। जबकि प्रभु राम जी ने जब सीता जी को दण्ड स्वरूप वनवास भेजा था तो सीता जी ने कहा

> जिसने अपना विश्वास खो दिया, उसने सब कुछ खो दिया।

था कि मैं सूर्य देवता से प्रार्थना करूँगी कि अगले जन्म में श्री राम जैसा पति ही मिले।

आज पत्नी के हट एवं जिद के कारण एकल परिवार प्रथा शुरू हो गई है, जो पाश्चात्य संस्कृति से ग्रसित है। और यह परिणाम स्वरूप हमें संस्कार हीनता एवं असुरक्षा का इनाम दे रही है। जहां नारी पूर्णरूप से असुरक्षित एवं बच्चे संस्कार हीन और पूरा परिवार धर्म से अनभिज्ञ हो गया है। जबकि संयुक्त परिवार में सुरक्षा संस्कार, धर्म एवं शांति रहती है।

संयुक्त परिवार में, घर में बड़े बुजुर्ग रहते है, जहां पति किसी काम से बाहर भी जाता है तो नारी अकेली नहीं रहती है उसे व बच्चों को बुजुर्गों से सुरक्षा मिलती है। यदि माता-पिता जी व्यस्त हो तो घर के बुजुर्ग बच्चों को संस्कार देते एवं सिखाते हैं, धार्मिक रीति-रिवाजों से अवगत कराते हैं। लेकिन प्रायः नारी स्वच्छंद जीवन व्यतीत करना चाहती है और एकल परिवार को महत्व देती है। सास-ससुर की सेवा व घर के कार्य से दूर हो रही है और क्लबों, किट्टी पार्टियों व समाज कार्य व राजनीति में ज्यादा रुचि ले रहीं हैं, जहां नारी बिल्कुल भी सुरक्षित नहीं है और जो अपना घर नहीं बना पाई, वह समाज व देश का क्या बनायेगी। नारी ने आज भारतीय विचारों, संस्कृति को छोड़ा अब पश्चिमी सभ्यता संस्कृति व पहनावे की ओर मुड़ना शुरू कर दिया है, जहां स्त्री को एक अन्यथा दृष्टि से देखा जाता है, समझा जाता है। जबकि भारतीय वेश-भूषा में सजी नारी देवी के रूप में दिखती है।

> दुनिया का सबसे अमीर आदमी भी मां के बिना गरीब है।

प्रत्येक नारी को नारियोचित सीमा के अंदर रहना चाहिये और वहीं वह पूज्य होती है। जब माता-पिता के घर में नारी रहे, तब शिक्षा, संस्कार एवं गृह कार्यों में निपुणता का विकास करते हुए मर्यादाओं के बंधन को स्वीकार करें।

फिर विवाहित होकर इन्हें कार्य रूप में परिणीत करते हुए पूज्य सास-ससुर की सेवा, पति के प्रति दायित्वों का पालन एवं बच्चों में अपनी शिक्षा व संस्कारों के फल देना चाहिये।

निष्कर्ष:- हमारे भारतीय समाज में कन्या व स्त्री को बहुत ज्यादा महत्व दिया गया है। केवल कन्या ही मंगल-कलश लेकर खड़ी होती है। लड़के नहीं। पत्नी के बिना कोई भी पूजापाठ या मांगलिक कार्य नहीं होता है। इसलिए जब प्रभु श्री राम ने लंका पर चढ़ाई की थी तो रामेश्वरम में प्रभु शंकर की पूजा करना था तो आचार्य बनाया अपने दुश्मन रावण को। आचार्य रावण विद्वान था उसने भी श्री राम से अकेले पूजा नहीं कराई। बल्कि सीता जी पूजा करने के लिए लंका से बुलाया और प्रभु श्री राम के साथ बैठाकर पूजा कराई। यह महत्व स्त्री का। स्त्री या नारी को अति-सम्मान की दृष्टि से देखा जाता है और उसे ही समाज में प्रथम स्थान प्राप्त है। अब नारी को सोचना है कि प्रथम स्थान सुरक्षित व सुशोभित कैसे रखे। यह स्थान तभी तक सुरक्षित है, रह सकता है, जब नारी हमारी भारतीय संस्कृति की मान्यताओं को मानते हुए मान-मर्यादा में रहे,

> थकान के बाद भी मां बच्चे के लिये ताकत जुटा लेती है।

तो हमारी पूज्य एवं आदरणीय रहेगी। नारी अपने प्रेम-स्नेह, करुणा व संवेदनशीलता के गुणों के कारण ही दूसरों के हृदय पर राज करती है। इन्हीं गुणों को विकास करते हुए नारी को नारियोचित गुणों को स्थाई रखकर समाज में देवी का स्थान बनाये रखना है। इसे चुनौती के रूप में स्वीकार करते हुए पश्चिमी सभ्यता एवं संस्कृति को नकारा साबित करना है।

अध्याय-4

दहेज एक अभिशाप

आज देश में दहेज एक बहुत बड़ा अभिशाप, बुराई एवं कुप्रथा बन गया है। दहेज का विषय एवं समस्या बड़ी ही जटिल एवं दुखदायी है। यह हमारी दूषित मानसिकता या मानसिक विकृति का परिणाम है।

'दहेज' लेने की भावना का जन्म हमारे मन में न होने देना ही इस समस्या का समाधान है। आज किसी घर में बच्चे

का जन्म होता है। यदि जन्म लड़के का हो तो बाजा बजाया जाता है और यदि कन्या का जन्म होता है तो स्वयं का बाजा बज जाता है। यह आप कभी भी किसी भी हॉस्पिटल या नर्सिंग होम में स्पष्ट देख सकते है। उस नन्ही कन्या को जन्म देने वाली मां को भी उलाहना- प्रताड़ना का कष्ट परिवार वालों से झेलना पड़ता है। जबकि उसमें उस नन्ही प्यारी कन्या एवं पूज्य मां का कोई भी दोष नहीं होता है और न ही उन दोनों ने कोई अपराध किया है। यहां पर दोष एवं अपराध शब्द का इस्तेमाल आज हमारी मानसिक विकृति बन गई है और यह सोच ही एक बड़ा व जघन्य पाप है। एवं परम पिता परमेश्वर के कार्यक्षेत्र में अनुचित हस्तक्षेप है और जिसका परिणाम हम समाज व देश भोग रहे हैं, कि कन्या का प्रतिशत लड़कों की अपेक्षा कम होता जा रहा है।

हम कभी विचार करें, सोचें कि लड़के व लड़की के जन्म, उनके पढ़ाई और उनकी परवरिश आदि की प्रक्रिया व्यवस्था एक जैसी है। किन्तु हम देखे कि लड़के की परवरिश में खर्च कम आता है किन्तु कन्या की पढ़ाई परवरिश व रहन-सहन में अपेक्षाकृत अधिक खर्च, मेहनत व ध्यान देना पड़ता है। फिर क्यों दहेज दे लड़की वाला।' यदि लड़के की पढ़ाई एवं परवरिश में उसके माता-पिता जी ने कुछ खर्च किया है तो लड़की वाले (कन्या पक्ष) ने भी तो किया है। जब दोनों ने समकक्ष खर्च किया, तो फिर किस बात का गुरूर या अभिमान। लड़की भी लड़के के समकक्ष पढ़ी है और नौकरी में है।

शर्म की अमीरी से इज्जत की गरीबी अच्छी है।

फिर उस लड़की व उसके परिवार को क्यों हीन-दीन भावना से देखा जाता है। जबकि कन्या को लक्ष्मी कहा ही नहीं जाता है वरन माना जाता है। जिस घर में कन्या या बहू नहीं होती है, वहां रौनक नहीं रहती है ओर घर का माहौल भी वीरान सा एवं मायूस सा रहता है।

कन्या का घर में रहना एवं शादी के बाद ससुराल में रहने से रौनक तो रहती है एवं घर की व्यवस्था भी सुचारु रूप से चलती है।

यह सभी को पता है कि लड़का एक घर का चिराग रोशन करता है, जबकि कन्या दो घर के चिराग रोशन करती है। लड़का तो भाग्य से मिलता है किन्तु कन्या (लड़की) तो बड़े सौभाग्य से मिलती है। इसलिये विवाह के पहले कन्या की पूजा होती है। कई त्यौहारों में उसकी पूजा करके पैर छूए जाते है। लड़कों को यह संयोग नहीं मिलता है और शादी के बाद भी लड़की को सौभाग्यवती कहा जाता है।

जो व्यक्ति दहेज मांग-मांग कर लेते है, वे उस कन्या से क्या उम्मीद करते है कि वह कन्या या लड़की उनकी (पति) एवं उसके परिवार की सेवा हृदय से या मन से कर सकेगी, जिसके माता-पिता को चूसकर पैसा या दहेज लिया हो। इस दहेज प्रथा ने उपयुक्त जोड़ी को मिलाने में बाधा डाल दी है। जो ज्यादा पैसा या दहेज देता है, उसकी बच्ची/लड़की की शादी जल्दी हो जाती है और बिना दहेज के कारण उस योग्य कन्या की शादी में अकारण ही देरी हो जाती है क्योंकि मांग के अनुसार उनके पास दहेज नहीं है।

दहेज लेना व देना कानूनी और ईश्वरीय अपराध है।

'दहेज की कठोर मांग' उसके कन्या के मन में घृणा के बीज उसके जीवन भर जमे रहते है और अपने पति, सास, ससुर आदि को सच्चा सम्मान नहीं दे पाती है। बच्ची (कन्या, लड़की) के जन्म से माता-पिता उसे भार के रूप में लेते है और उसी दिन से उसके लिये दहेज शादी के लिये सोचने लगे है और पैसे जमा करने लगते है और यह विकृत सोच एवं देन हमने एवं हमारे समाज ने दिया है।

शादी विवाह के अवसर पर प्रायः ऐसी दहेज की मांग का वीभत्स नाटक देखने सुनने को मिल जाता है, मारपीट अभद्र भाषा का प्रयोग आदि देखने को मिल जाता है, जैसे कन्या पक्ष ने बहुत बड़ा अपराध, चोरी, डकैती कर दी हो। यह सब देख सुनकर उन दहेज मांगने वालों पर तरस एवं क्रोध आता है कि ऐ निकम्मे, निर्बल, हिजड़े व्यक्ति अपने बलबूते पर पैसा कमाओ। क्यों भिखारियों जैसे कटोरा लेकर मांगते हो और अपना सम्मान खोते हो।

इसी दहेज रूपी दानव ने कई योग्य लक्ष्मी रूपी कन्याओं, बच्चियों को मौत व हत्या, आत्म हत्या के मुंह में असमय ही धकेल दिया है, जो हमें नित्य देखने, सुनने व पढ़ने को मिलते है और अदालत में कई केस दहेज के कारण ही तलाक, हत्या, आत्महत्या, मारपीट और प्रताड़ना आदि के चल रहे है।

जो समान दहेज में मिलता है, उसे रखने की जगह भी घर में नहीं रहती है एवं कबाड़ के रूप में किसी कोने पर पड़ा

मांगना है तो प्रभु से सामर्थ्य मांगो। दहेज नहीं।

रहता है। फिर हम ऐसा घृणित कार्य क्यों और किसके लिये कर रहे है।

निष्कर्ष:- इस दिशा में हम सभी मानव को सजग होकर आगे बढ़ना है कि हमें बड़े सौभाग्य से मानव जीवन मिला है, फिर यह दानव जैसा व्यवहार, कार्य क्यों कर रहे है। हे मानव-देवता ओर देवियों - आप दहेज न मांगें एवं दहेज के प्रस्ताव पर विरोध करें और बच्ची को बिना दहेज के स्वीकार करें। फिर देखें कि वह बच्ची आपको कितना आत्मिक सुख देती है। हे मानव, तुम्हें किसने अधिकार दिया है दहेज लेने और मांगने का। अब तो दहेज लेना गैर कानूनी हो गया है और अपराध मानकर जेल की सजा होती है। इन दहेज दानवों का सामाजिक बहिष्कार करना चाहिये। दहेज लेना निंदनीय कार्य है, आएं हम संकल्प लें कि हम दहेज न लें और दहेज मांगने वालों के घर अपनी बच्ची को न दें।

अध्याय-5

आदर्श विवेकशील व्यक्ति

यदि प्रत्येक व्यक्ति में विवेक समा जाये, जाग्रत हो जाये तो कलह, द्वेष, ईर्ष्या, मारपीट, वैमनस्य आदि समाज से भाग जायेगा, विलुप्त हो जायेगा। फिर एक उत्तम, स्वस्थ, ज्ञानी, विवेकशील, सभ्य व्यक्तियों का समाज निर्मित होकर शांति एवं समृद्धता के सुख का पान करेगा।

विवेक का शाब्दिक अर्थ प्रज्ञा से है, अंदर के आत्मिक ज्ञान एवं धैर्य से है। बौद्धिक ज्ञानी होते हुए भी विवेकहीन व्यक्ति एक बड़ा मूर्ख है। ज्ञानी बनना सरल है। लेकिन विवेकशील बनने में उसे कठोर परिश्रम और धैर्य की जरूरत है।

काली दास जी अनपढ़ थे, लोग उन्हें मूर्ख कहते थे। लेकिन विवेक होने के कारण वे एक महान ग्रंथ के रचयिता और विद्वान बने। उनके ग्रंथों पर पी.एच.डी. होती है। किसी व्यक्ति के पास, विवेक नहीं है, तो वह आंख होते हुए भी अंधा है जबकि एक अंधा व्यक्ति विवेकशील होने पर अपना रास्ता खोज लेता है। विवेकशील व्यक्ति अच्छे बुरे का निर्णय ले सकता है, वह विचारशील, दूरदर्शी व्यक्ति होता है। वह अपने कार्य के परिणाम को सोचता है, फिर कार्य करता है। विवेकहीन व्यक्ति पहले कार्य करते है और फिर उसके दुष्परिणाम से बाद में दुःखी होते है। बुद्धिमान होना बुरा नहीं हैं, किन्तु दूसरों को मूर्ख या बेवकूफ समझना बुरा है। हम सब कई बार देखते है कि कुछ लोग अपने को बहुत ज्ञानी समझते हैं और उनमें विवेक व धैर्य नहीं रहता है ओर वे दूसरों की बात नहीं सुनते हैं, अपनी बात ही बोलते हैं। वह व्यक्ति अपने को उन लाभकारी बातों से वंचित कर लेता है, जो दूसरों से मिलती है। क्योंकि हो सकता है कि दूसरा व्यक्ति जो बात करे, उससे उसे कुछ ज्ञान प्राप्त हो।

कुछ व्यक्ति पहले तो बिना सोचे समझे, बिना विचार किये, किसी से कुछ बोल देते है। लेकिन बोलने के बाद उन्हें अपनी

गलती का एहसास होता है, तब वे कई प्रकार से अपनी बात घुमाकर या क्षमा मांगकर प्रायश्चित करते है। इसलिये कहते है कम बोलो, सुनो ज्यादा।

कम बोलने वाले व्यक्ति को ज्यादा श्रम नहीं करना पड़ता है, क्योंकि वह सुनने का धैर्य रखता है। लेकिन विवेकशील व्यक्तियों से गलत कार्य या अपशब्द भाषा निकलने की संभावना कम रहती है, इसलिये रावण ने अंतिम समय में लक्ष्मण जी को यही संदेश दिया था कि शुभ कार्य (अच्छा कार्य) तुरंत कर लो, लेकिन अशुभ कार्य (गलत कार्य) को टाल दो।

इसलिये कहा गया है कि जब क्रोध आए तो पानी पी लें या उस स्थान, उस व्यक्ति से सुरक्षित दूरी बना ले या कोई मजबूत खंभा पकड़ ले कि हम इसे उखाड़कर मारेंगे और वह खंभा उखड़ेगा नहीं और तब तक आपका क्रोध शांत हो जायेगा। या क्रोध आने पर मुंह बंद कर लें एवं सौ तक गिनती गिनो। क्रोध अवश्य शांत हो जायेगा क्योंकि क्रोध हमेशा क्षणिक होता है। इसलिये कहते है कि जोश के साथ होश, भावुकता के साथ विवेक, कृत्य के साथ मानवता का ध्यान रखना चाहिये।

विवेकशील व्यक्तियों को दैविक, दैहिक एवं भौतिक दुख नहीं होता है, क्योंकि वह जीवन के यथार्थ को समझता है, अच्छा, बुरा, ऊँच -नीच में अंतर समझता है। उस विवेकशील व्यक्ति में आसक्ति और आकर्षण के प्रति लगाव नहीं होता है,

> यदि किसी पर उपकार करना चाहते हो तो उस पर दोषारोपण करना छोड़ दो।

क्योंकि आसक्ति एवं आकर्षण ही विवेक को नष्ट करते ही है और चिंतन व सोच को भी नष्ट कर देते है। आसक्ति जीवन को दुर्बल एवं नैतिक रूप से कमजोर बनाती है। अविवेक से व्यक्ति असंयमी हो जाता है, अपना संयम खोकर कई गलत कार्य कर डालता है।

अविवेक होने के दो दुर्गुण है -आसक्ति और उतावलापन। इनसे विरक्ति या छुटकारा पाये, तो विवेक उत्पन्न होगा। आदमी दूरदर्शिता के जाल में फंसकर दुखदर्शिता हो रहा है। एक बढ़िया उदाहरण है - एक सेठ जी ने ज्योतिषी को अपना हाथ दिखाया। ज्योतिषी ने कहा कि हाथ की रेखाएं उत्तम हैं, आपकी सात पुश्तें (पीढ़ी) आराम से बैठे-बैठे खायेंगी, उन्हें कोई कष्ट नहीं होगा। यह सुनकर सेठ जी चिंतित व उदास हो गये। तो ज्योतिषी ने पूछा कि आपको तो प्रसन्न होना चाहिये, आप तो दुखी हो गये सेठ जी ने कहा कि यह तो खुशी की बात है कि मेरी सात पुश्तें आराम से खाएंगी। में दुखी और चिंतित तो इसीलिए हूँ कि आठवीं पीढ़ी का क्या होगा।

तो हम भविष्य में सुख की सोचकर वर्तमान की सुख भी खो देते हैं, रेगिस्तान में बालू की चमक को पानी समझकर आगे दौड़ते जा रहे है। हम सुख पाना तो चाहते है, लेकिन सुख में रहना नहीं चाहते हैं।

इसलिये कहते हैं कि जो वर्तमान की उपेक्षा करता है, वह सब कुछ खो देता है। भविष्य के बारे में बहुत सोचना एक

दूसरों के बारे में ऐसी बात मत कहो जो उस आदमी के समक्ष न कह सको।

अनुपयोगी चिंतन है, जो हमारी बहुमूल्य शक्ति एवं समय को नष्ट कर देता है।

कबीर जी एक दोहे में कहते हैं कि विवेकशील व्यक्ति अच्छी बातों को ग्रहण करते हैं और निरर्थक बातों को छोड़ देते हैं। जैसा सूपा से गेहूं फटको, तो कंकड़ आदि गिर जाते हैं, और गेहूं रह जाता है। लेकिन आज वर्तमान समय में हमारा जीवन एक छलनी की तरह हो गया है, जैसे छलनी से कुछ अनाज छानो तो अनाज नीचे गिर जाता है और छलनी में कंकड़, कचरा रह जाता है। उसी तरह व्यक्ति निरर्थक बातों पर ज्यादा ध्यान देता है और सार्थक बातों को छोड़ देता है। हमें चेतना पर अधिक ध्यान देना चाहिये, शरीर पर नहीं। इसके विपरीत आज हम शरीर पर ज्यादा ध्यान दे रहे हैं। हमें हंस की भांति रहना चाहिये, जो दूध व पानी की मिलावट होने पर केवल दूध ही पीता है पानी को छोड़ देता है। अतः व्यक्ति को विवेकशील, धैर्यवान होना चाहिये। उतावलापन नहीं होना चाहिये। भूतकाल की उधेड़बुन और भविष्य की चिंता न कर वर्तमान में शांत और स्थिर रहें। तो व्यक्ति स्वस्थ, सुखी, संयमी और विवेकशील रहेगा।

उतावले व्यक्तियों के लिये हमेशा सड़क पर एक बोर्ड लिखा जाता है दुर्घटना से देर भली, या नजर हटी दुर्घटना घटी। याने आराम से धैर्य रखकर चलो। यदि धैर्य खत्म हुआ तो अवश्य कोई घटना घटित हो जाएगी।

साद‌गी सीधी सड़क है, उससे कोई खटका नहीं। कोई राहगीर इस राह में भटका नहीं।

निष्कर्ष:- हमारे विचार से व्यक्ति को हमेशा सकारात्मक एवं विवेकशील होना चाहिये हमें परम पिता परमेश्वर से यह प्रार्थना करें कि हमें कुमार्ग छोड़कर सतमार्ग पर चलने की शक्ति व प्रेरणा दें। हमारे अंतः करण में छाए तामसिक प्रवृत्तियों को दूर कर ज्ञान के प्रकाश को भर दें, और ऐसा मार्ग दिखाएं, जिसमें हमारा नश्वर शरीर न रहने पर हमारे सत्कर्मों की कीर्ति अमर रहे।

विवेकशील व्यक्तियों के घर में सुख, शांति, संतोष, वैभव, चरित्र व ज्ञान का विकास रहता है। क्या हम थोड़ा सा धैर्य रखकर अपने घर में यह सब उपरोक्त गुण ला सकते हैं। अवश्य। हमें प्रण करना चाहिये कि हम ऐसा विवेकशील धैर्यवान बनकर अपने पुरुषार्थ को विकसित करें।

एक प्रयोग बड़ा सार्थक है करके देखें:

कम बोलेंगे, चिंतन करोगे।

ज्यादा बोलेंगे, चिंता करोगे।

अध्याय-6

गुरु शिष्य परम्परा पुरानी

किन्तु मजबूती की अनिवार्यता

हमारे देश में प्राचीन काल से गुरु शिष्य परम्परा, गुरु आश्रम गुरु द्वारा शिक्षा एवं गुरु दीक्षा एवं गुरु दक्षिणा आदि संस्कार चले आ रहे हैं। यह गुरु दीक्षा हमें रामायण एवं महाभारत आदि सीरियल में देखने को अच्छे से मिलते

हैं। यह संस्कार विदेशों में देखने को नहीं मिलते हैं या कम ही मिलते हैं।

हमारे देश भारतवर्ष में माता-पिता को जन्म देने की महिमा प्राप्त है एवं माता को ही प्रथम गुरु माना जाता है। इसके बाद जीवन में प्रत्येक व्यक्ति को गुरु की प्राप्ति होती है। क्योंकि बिना गुरु के जीवन को सही दिशा, सही सकारात्मक सोच, चिंतन और जीवन का सही सुख प्राप्त नहीं हो सकता है। गुरु के चरणों के स्पर्श मात्र से ही मन को संतोष व आत्मिक शांति प्राप्त होती है। गुरु के दर्शन, शिक्षा, दीक्षा से व्यक्ति का मन, वचन एवं कर्म में शुद्धता प्राप्त होती है एवं व्यक्ति परिवार, समाज एवं देश के हित में सकारात्मक सोचता है, और कार्य करता है। मुझे ध्यान है कि हम लोग गुरु का कितना आदर करते थे, सम्मान में कोई कभी नहीं रखते थे। ऊंची आवाज व अभद्रता पूर्ण शब्दों का इस्तेमाल तो उनसे या उनके सामने किसी से करने का भाव ही नहीं रहता था। लेकिन अब लगता है कि इस भाव में कमी होती जा रही है। पहले गुरु देने की लालसा रखते थे, पाने की नहीं। अपने जीवन का सार, ज्ञान गुरु यथा संभव शिष्य पर उडेलकर रख देते थे और उसे योग्य बनाते थे। वह शिष्य संस्कारी अवश्य बनता था।

लेकिन अब अधिकांशतः गुरु देने की अपेक्षा पाने की लालसा ज्यादा रखते है। वे देखते है कि शिष्य क्या दे सकता है? उसी हिसाब से शिक्षा का महत्व होता है। शिष्य को केवल कुछ आवश्यक शिक्षा देकर वे अपने कर्तव्य की पूर्णता समझ लेते हैं - जिसे हम व्यावसायिक शिक्षा

कहते हैं। शिष्य केवल पढ़ लिखकर धन कमाने लायक तो हो जाते हैं, लेकिन वे व्यक्तिगत छवि, संस्कार, चरित्र, गुण से वंचित या हीन रहते हैं। जिसका हमारे समाज में बहुत गहरा प्रभाव पड़ता है शिष्य कहता है कि मैं इतनी फीस देता हूँ एवं टीचर (अब गुरु जी नहीं) उस हिसाब से पढ़ाते नहीं। जब उसमें यह भाव रहता है तो वह शुरू से ही गुरु के प्रति आदर भाव नहीं रखता है तो बड़ा होकर कमाने पर अपने माता-पिता बुजुर्गों का भी अनादर करते हुए, उन्हें एकाकी जीवन में बेसहारा छोड़ देता है। खैर यह विषय अलग है किन्तु बहुत ही भावात्मक एवं संवेदनशील है, जिसका प्रत्यक्ष उदाहरण सहित उल्लेख किया जाये तो शरीर के रोंगटे खड़े हो जाते हैं।

हमारे समाज में गुरु का स्थान सर्वोच्च है - जो शिक्षा देते हैं, ज्ञान देते हैं, संस्कार देते हैं, उन्हें ही गुरुदेव का सम्मान प्राप्त होता है। गुरु में शिक्षा देने का क्रम तो बाद में आता है उसके पहले सर्वप्रथम तो शिष्य गुरु के व्यक्तित्व, आदर्श और उनके चरित्र से शिक्षा ग्रहण करते हैं। जैसे विगत कई वर्षों पहले झूठ, नशा, भ्रष्टाचार, चरित्रहीनता, पान-तंबाकू, सिगरेट आदि से परहेज करते थे। शिष्य भी ऐसा ही अनुकरण करते थे। यदि कोई शिष्य ऐसी गंदी आदतों से गुजरता था तो गुरु उसे समझाने व उस आदत से बाहर निकालने का साहस करता था। लेकिन अब वर्तमान समय में इसका विपरीत आदर्श है। गुरु स्वयं नशा, पान, तंबाकू लेकर क्लास में जाकर शिक्षा देते है, उनके मुंह से शब्दों के साथ

पान की पिचकारी भी निकलकर बच्चों के मुंह पर गिरती है या शिष्यों के साथ ठेले पर खड़े होकर पान, सिगरेट तंबाकू आदि का सेवन करते है या शिष्य से गुटका मांगकर या मंगाकर खाने में भी परहेज नहीं करते हैं। पान-गुटका खाकर क्लास में जाते हैं।

पहले गुरु शिष्य को भोजन गुरुकुल में कराते थे। अच्छे-अच्छे घरों, राजाओं के बच्चे गुरुकुल में जाकर एक साथ, एक जैसा भोजन, गुरु द्वारा प्रदत्त भोजन को ग्रहण करते थे। किन्तु अब गुरु जन्मदिन, पास होने की पार्टी, आदि लेने में भी संकोच नहीं करते हैं।

कभी गुरु से यह शिकायत की गई कि अमुक बच्चा कुछ गलत हरकत या अश्लील भाषा, शब्दों का प्रयोग कक्षा के बाहर कर रहा है तो अब गुरु हंसते हुए कहते है कि बच्चे जवान हैं उन्हीं का समय है। वे (गुरु) बच्चों को समझा सकते थे, लेकिन नहीं। क्योंकि उनमें स्वयं इतना साहस नहीं है और फिर कहते है कि उन्हें मना करेंगे, तो वे दूसरी कोचिंग में चले जायेंगे।

हमें याद है कि हमारे स्कूल-शासकीय व्यंकट नं.-2, सतना में प्राचार्य श्री विश्वनाथ तिवारी जी थे। प्रत्येक बच्चा समय से प्रार्थना में आता था और लाइन से चुपचाप अपनी कक्षा में जाता था। वे स्वयं बहुत ज्यादा अनुशासित और समय के पाबंद और अपने कार्य के प्रति कर्तव्यनिष्ठ व ईमानदार थे। आज उनके अधिकांश शिष्यों में यही गुण है और सभी

अपने कार्यक्षेत्र में उच्च चरित्र, आदर्श लेकर, सम्मान सहित समाज का गौरव बढ़ा रहे हैं और अपने गुरु को सही गुरु दीक्षा दे रहे हैं। हम या उनके कोई भी शिष्य जब गुरुदेव से मिलने पर चरण स्पर्श करते हैं, तो जो सुख प्राप्त होता है, उसे बखान नहीं किया जा सकता और उनके आंखों से निकले आशीर्वाद के भाव को देखकर तो ऐसा लगता है, जैसे हमें असीम सुख तो मिल रहा है और गुरुदेव को अपार संपत्ति प्राप्त हो गई हो।

निष्कर्ष:- आज पूज्य गुरुदेव के कन्धों पर बहुत बड़ा उत्तरदायित्व है, जिसे उन्हें अपने आदर्शों के मापदंड पर चलते हुए निभाना है। उन्हें शिष्यों को आदर्श बनाकर इस देश को, इस समाज को ऐसे आदर्श शिष्य, नागरिक देना है। जिससे हमारी भारत मां गदगद और प्रफुल्लित हो जाये। जिससे हमारे देश को संस्कार वान होने का दर्जा पुनः प्राप्त हो सके एवं गुरु को एक प्रथम एवं उच्च स्थान प्राप्त हो सके। यह ध्यान देने योग्य है कि गुरु पैसे से खरीदा नहीं जा सकता है और न ही उसके आदर्शों को पैसे की कीमत से आंका जा सकता है। गुरु की प्रतिष्ठा, उसके आदर्श को केवल श्रद्धा-सुमन से ही आंका जा सकता है। हमारे शास्त्रों में एक दोहा बहुत प्रासंगिक है अंत में और इस संबंध में कि (कबीर संत जी का लिखा है)

गुरु गोविंद दोऊ खड़े, काके लागूं पायं।

बलिहारी गुरु आपने, गोविंद दियो बताय।

गुरु और विवेक का आश्रय छोड़ना सबसे बड़ी भूल है।

याने गुरु और भगवान दोनों खड़े थे सामने, तो किसके पैर छुएं? तभी भगवान ने बता दिया कि गुरु प्रथम है। उनके ही पैर छुएं। जिनके कृपा प्रसाद से गोविंद के दर्शन हुए हैं। हे गुरु आपकी महिमा अपार। आपको शत्-शत् प्रणाम, चरण वंदन।

अध्याय-7

हमारे बुजुर्ग

पहाड़ से निकली नदी कभी वापस पहाड़ पर नहीं जाती है। निकली हुई उम्र कभी वापस नहीं आती। निकला हुआ समय कभी वापस नहीं आता प्रतिवर्ष एक वर्ष निकल जाता है और हमारी उम्र बढ़ती जाती है। हमें कुछ नया करना है कि न केवल एक वर्ष, बल्कि पूरा जीवन ही नया हो जाये।

नए वर्ष में हमें उत्सव एक प्रतिज्ञा संस्कार के रूप में मनाना चाहिये। कि हम अपने पूज्य माता-पिता जी एवं बुजुर्गों की

आज्ञा का पालन करते हुए उनका सम्मान करें, सेवा करें और उनसे आशीर्वाद व अच्छे संस्कार प्राप्त करें। ऐसा करके हमें जो पुण्य फल, संतोष, आनंद प्राप्त होगा, वह अन्य किसी भौतिक उपलब्धि जैसे मकान, गाड़ी, धन आदि प्राप्त करके नहीं हो सकता है।

लेकिन आज युवा दम्पत्ति अपने कर्म, धर्म से मुख मोड़ रहे है और इसका अंजाम भी उन्हें भुगतना पड़ रहा है। लेकिन वे इसका एहसास, अनुभव, नहीं करते क्योंकि यह अप्रत्यक्ष रूप से प्राप्त होता है। प्रत्यक्ष रूप यह होता है कि हमने कुछ लाख दिये और कार खरीदी, दिखता है। लेकिन पूज्य माता-पिता जी के आशीर्वाद से जो हमें प्राप्त होता है, वह दिखता नहीं है, लेकिन सभी कुछ उनके आशीर्वाद से ही प्राप्त होता है।

आज घरों में, रास्ते में या अन्यत्र बुजुर्गों से मिलना होता है, उनका चेहरा अपनी कहानी स्वयं बखान कर देता है कि वे कह रहे हो कि "बेटा मेरा बुढ़ापा मत छीनो।" इस बुढ़ापे में मेरा क्या दोष है यह तो प्रकृति का नियम है प्रत्येक को इस स्थिति, इस उम्र से गुजरना पड़ता है। किन्तु बुजुर्ग असहाय है, मजबूर नहीं।

बस दे दो हमें- सम्मान के दो शब्द थोड़ा सा भोजन और नाती पोतो का दुलार। लेकिन बुजुर्ग क्या देते है? आशीर्वाद एवं संस्कार। जो अमूल्य है, अतुलनीय है।

देश के संविधान की भी यही मंशा है कि आप सरकारी सेवा में 60 वर्ष रहें, काम करें, देश सेवा करें। फिर 60 वर्ष की उम्र के बाद आपका ख्याल हम रखेंगे और स्वतंत्र होकर आप अपने मन से जिएं। तो क्या हम उनके पुत्र होकर भी उनका ख्याल नहीं रख सकते है। जब हमारी माता-पिता जी युवा थे, उन्होंने अपनी आवश्यकता कम करके हमें अच्छा पढ़ाया और हमारी आवश्यकताएं पूरी करीं। क्या हम यह कर्ज उतार सकते है? निश्चित ही इस जीवन में संभव नहीं है।

यह एक सत्य है कि जैसा बोओगे। वैसा पाओगे। यदि हमने माता-पिता जी की सेवा किया है, सम्मान दिया है। तो हमारे बच्चे भी उसे देखकर वैसा ही संस्कार पायेंगे और हमें भी बुढ़ापे में वैसा सुखमय सम्मान व सेवा मिलेगी। कम से कम यही स्वार्थ भावना से सेवा कर लें। हम अपने माता-पिता जी की सेवा न करें और आशा करें कि मेरे बच्चे मेरी सेवा करें - कदापि संभव नहीं।

हमने एक बार कालेज में अपने अंग्रेजी के प्राध्यापक श्री एस.के. श्रीवास्तव जी से पूछा कि क्या कारण है कि मेरे पिता जी को खांसी आ रही है और 10 रुपये की दवाई नहीं लाते है, जबकि अपने बच्चे का जूता 100 रुपये का खरीद लाते है। जबकि दवाई जरूरी है। उनका उत्तर बड़ा सटीक था कि अब हमें अपने माता-पिता जी से कोई उम्मीद नहीं रह गई है, जबकि बच्चे से उम्मीद है कि वह भविष्य में मेरी सेवा करेगा। किंतु ऐसे लोगों के लिये चेतावनी भरा संदेश है कि वे अपने लिये स्वयं गड्ढा खोद रहे है।

बच्चे नसीहत नहीं, वसीयत लेना पसंद करते है।

कभी पेपर में पढ़ने को मिलता है कि पिता जी माता जी ने बच्चे पर कोर्ट में मुकदमा किया है, गुजारे व भरण पोषण के लिये। कोर्ट भी आदेश देता है कि पुत्र प्रति माह पिता जी माता को इतना पैसा देगा। रेमण्डस के मालिक ने अपने पुत्र पर ऐसा ही मुकदमा किया है।

जब माता जी ने हमें रात भर जाग-जाग कर सुलाया। कितनी बार माता जी के कपड़े गीले किये पेशाब से। मां बिल्कुल भी न तो गुस्सा हुई और न ही थकी। उस मां को हम रुलाकर उसके आंसू भी नहीं पोंछ सकते है।

एक बुजुर्ग उच्च सरकारी पद पर थे, उनके चार पुत्र थे। चारों पुत्रों को उन्होंने डाक्टर, इंजीनियर बनाया। लेकिन आज वे स्वयं अकेले रहते है। जबकि एक लड़का पास में ही मकान बनाकर रहता है। यह दुर्दशा हम हर मोहल्ले व गली में देख सकते है। कहां गये हमारे संस्कार? क्या ये संस्कार भी हमें विदेशी आकर सिखायेंगे। जैसे हमारी देन योग को भी विदेशी हमें सिखा रहे।

जब हम किसी के घर में जाते है और वहां देखते है कि बच्चे अपने माता-पिता जी की सेवा व सम्मान कर रहे है। उस घर में निश्चित ही शांति, प्रेम एवं खुशहाली होगी। लोटते समय हम अवश्य दुआ देंगे कि कितने भाग्यशाली ये माता-पिता जी व बच्चे। ऐसे बच्चे हर माता पिता जी को प्राप्त हो। तो यह दुआ उस परिवार को लगती भी है। बच्चों को संस्कार

एवं सुरक्षा मिलती है और बुजुर्ग माता पिता जी को प्रेम स्नेह का सहारा।

आएं हम यह सौगंध ले कि अपने पूज्य माता-पिता जी एवं प्रत्येक बुजुर्ग की सेवा-सुश्रुषा व सम्मान करें तो यह आत्मिक सुख कभी खत्म नहीं होगा। क्योंकि हर वस्तु बाजार से खरीदी जा सकता है, लेकिन माता-पिता जी नहीं। माता-पिता जी व बच्चों का सम्बंध जन्म से होता है और हमारी अंतिम सांस तक रहता है। हम माता-पिता जी को अपनी सेवा से सुखी रखकर परम पिता परमेश्वर को भी खुश कर सकते है। इसमें कोई दो मत नहीं है।

पहले अंतर्राष्ट्रीय वृद्ध दिवस नहीं होता था। अब साल में एक दिन हमें याद दिलाने के लिये मनाया जाता है कि पूज्य माता-पिता जी जो बुजुर्ग है, असहाय है, कमजोर है एवं जीवन के अंतिम पड़ाव पर है। उनको सहारा देकर उनके लिये सहारे की लाठी बने। भूतकाल में वृद्ध आश्रम नहीं होते थे। अब लगभग हर शहर में वृद्ध आश्रम होते है और उमसें बड़े-बड़े आई. ए.एस., आई.पी.एस. अधिकारी होते है। आज यदि हम अपने माता-पिता जी व बुजुर्गों को सम्मान दें तो वृद्ध-आश्रम की जरूरत नहीं होगी। वर्ष में पितृ पक्ष एक बार आता है। हम उसमें बहुत खर्च करते है। या उनके न रहने पर अंतिम संस्कार आदि में बहुत खर्च कर देते है - जो समाज को अपनी प्रतिष्ठा दिखाने के लिये होता है। यदि हम उनके जीवन काल में ही उनका ध्यान रखे तो प्रतिष्ठा हमारी भी बढ़ेगी।

> माता की आंखों में ममता, पिता की आंखों में फर्ज होता है।

वर्तमान पर ही भविष्य आधारित होता है। आज हम वर्तमान है और कल भूतकाल हो जायेंगे। इसलिये वर्तमान को हम सुधारे। यदि वर्तमान सुधरेगा तो भविष्य भी निश्चित ही अच्छा एवं उत्तम होगा। क्योंकि भवन की नींव (वर्तमान) यदि कमजोर होगी तो भवन (भविष्य) भी कमजोर होगा और ढह जायेगा।

निष्कर्ष:- हमें अपने माता-पिता जी की सम्मान सहित सेवा सुश्रुषा करना चाहिये ताकि हम अपनी धरोहर बच्चों को कुछ संस्कार व जीने का मंत्र देकर जाएं। शास्त्रों में कहा गया है कि माता-पिता जी की पूजा देवताओं की पूजा से भी बढ़कर होती है।

अध्याय-8

आदर्श घर

सीमेन्ट, ईंट, बालू आदि से बना भवन मकान कहलाता है। लेकिन उसमें रहने वाले व्यक्तियों से घर कहलाता है और आपसी सामंजस्य प्रेम से, स्नेह से रहने वालों से आदर्श घर कहलाता है, जिसकी तुलना स्वर्ग से की जाती है। इसलिये अंग्रेजी में कहावत है कि - "House is built by Hand, But Home is Built by Heart" जिस मकान में शरीर रहता है, वह घर नहीं कहलाता है। घर तो वह है, जिसमें हृदय से पूर्ण व्यक्ति रहता है। प्रायः कई घरों में अंग्रेजी

में लिखी उपरोक्त पंक्ति, कलैंडर देखने को मिल जायेगा, लेकिन वहां रहने वाले घर के सदस्य माता पिता, पुत्र, भाई, बहन आदि अजनबी से रहते है। जिन्हें एक दूसरे से बात करने का समय नहीं मिलता या जिन्हें एक दूसरे से बात करने, एक दूसरे के सुख-दुःख में शामिल होने में शर्म आती है। सभी अपने-अपने अभिमान में अलग-अलग रहते है। दो लड़के है तो तीन चूल्हे जलते है। जिस घर में संवाद, संवेदनशीलता नहीं होती है, क्या वह शमशान गृह से कम है। जिस व्यक्ति में प्रेम, करुणा, स्नेह, नहीं है वह तो जानवरों से भी बदतर है। यदि घर में कुत्ता पला हो तो वह भी आपके घर पहुंचने पर दुम हिलाता है, आगे पीछे घूमता है लेकिन यह बात घर के सदस्यों में कम ही देखने को मिलती है। हमारा अपने परिवार के सदस्यों से किस बात की ईर्ष्या है यह कैसा मन-मुटाव है?

अरे भटके मानव! खाली हाथ आया है, खाली हाथ ही जायेगा फिर किस वस्तु का गुमान करें कि यह मेरा ये तेरा। परिवार में घर के सभी सदस्य एक दूसरे के प्रति समर्पण की भावना रखे, प्रेम, त्याग की भावना हो तो देखें घर में स्वर्ग उतर आया हो। इस सुखमय आनंद वे अनुभव नहीं कर सकते है, जो इसके विपरीत परिस्थितियों में अपने को मजबूरी में एडजस्ट (Adjust) कर दिन काट रहे।

अरे मानव, प्रभु ने यह मानव जीवन देकर हमें उपकार से भरा है, हम इसे व्यर्थ न जाने दें। एक-एक क्षण प्रेम स्नेह में व्यतीत करें, तो आप देखेंगे कि आपके चेहरे से ही सुख

मौन क्रोध की सर्वोत्तम चिकित्सा है।

शांति झलकेगी। प्रत्येक वस्तु को खरीदने में पैसा लगता है लेकिन एक मूल्यवान का कोई पैसा नहीं लगता है वह है 'मीठा बोलने का।'

मीठा बोलने से घर और बाहर दोनों जगह आप शांति अनुभव करेंगे। इसलिये किसी ने कहा है कि "मुस्कराना प्रभु का ऐसा अनमोल तोहफा है, जिसे देने से हमारा कुछ खर्च नहीं होता, किन्तु पाने वाला निहाल हो जाता है।" घर तो प्रत्येक का होता है किन्तु आदर्श घर उसका होता है, जिसके पास चार गुण होते है:

1. **बंधु-बांधवों से प्रेम** - भाई बहनों एवं परिवार के अन्य सदस्यों माता-पिता जी आदि से प्रेम हो।

2. **अतिथि-सत्कार** - हमारे शास्त्रों में कहा गया है 'अतिथि देवोभवः'। याने अतिथि देवता के सामान है। पता नहीं किस वेष में देवता आ जाए, अतिथि का सही आदर-सत्कार करना चाहिये। अतिथि जब सम्मान, सत्कार पाकर वापस लौटता है तो वह अवश्य दुआ देकर जाता है जो अवश्य हमें फलती है।

3. **कुलाचार पालन** - अपने कुल की मर्यादा, संस्कारों का पालन करना चाहिये।

4. **परिजनों की सेवा** - अपने माता-पिता जी एवं बुजुर्गों की सेवा करना चाहिये।

> त्याग का आनंद स्वर्ग, से बढ़ कर है, वह आदर्श घर की जड़ है।

"जहां यह चारों गुण पाये जाते है, वह एक उत्तम तीर्थ होता है।"

बिना सुगंध के फूल का महत्व नहीं है, बिना धारा के नदी का महत्व नहीं है और बिना आत्मीयता, प्रेम, स्नेह, सामंजस्यता के घर का महत्व नहीं है। आजकल जैसे पैन की रिफिल या पैन यूज एण्ड थ्रो होती है, वैसे ही आज हमारा चरित्र हो गया है। जिसका मतलब है काम निकलने के बाद फेंक देना। आजकल बुजुर्ग जब तक हमारा पालन पोषण करते है, तब तक उन्हें सम्मान मिलता है इसके बाद बुजुर्ग अनाथ की जिंदगी जीते है। आज हमारे पास अपने पालतू कुत्ते को घुमाने का समय है, क्लब आदि जाने का समय है, लेकिन अपने बुजुर्ग माता पिता जी को घुमाने या उनके पास बैठकर बात करने का समय नहीं है। यह प्रश्न आज राक्षस की भांति समाज के सामने खड़ा है। क्या हम अभी जवान है, किन्तु इस अवस्था से गुजरकर बुजुर्ग नहीं बनना है, आज बुजुर्ग हमारे आदर्श घर की नींव के पत्थर है। यदि उनका आदर, सम्मान करेंगे तो परिवार के सभी सदस्यों में प्रेम स्नेह की भावना बनी रहेगी।

जहां परिवार में बुजुर्ग की सेवा, सम्मान एवं आपस में प्रेम-स्नेह रहता है, वहां सुख समृद्धि हमेशा बनी रहती है, देवता भी उस घर में आने को उत्सुक रहते है, इसके विपरीत या प्रतिकूल परिस्थिति में सुख, समृद्धि, शांति तो रहती नहीं। वरन हमेशा अशांति, कलह व मनहूसियत रहती है और लक्ष्मी जी ऐसे घर को छोड़कर चली जाती है और अपनी बहन दरिद्रता को छोड़कर जाती है।

जो सहन करता है, वहीं शहंशाह बनता है।

आज हम चाहे जितने बड़े आदमी बन जाएं, बड़ा पद पा जाएं, या बहुत पैसा कमा लें। लेकिन आदमी वह है जिसमें मानवता है और मानवता ही आदर्श घर का मूलमंत्र है। आदर्श घर की सफलता के चार सूत्र-मंत्र बताये गये है

1. माता-पिता एवं बुजुर्गों की सेवा करना।

2. कुल एवं माता-पिता की कीर्ति को बढ़ाना।

3. माता-पिता जी एवं बुजुर्गों की आध्यात्मिक उन्नति में सहायक बनकर स्वयं के लिये आध्यात्मिक मार्ग बनाना।

4. छोटे भाई-बहनों व बच्चों को उत्तम शिक्षा व संस्कार देना।

हमें अपने अंदर इन मंत्रों को समाहित करके ऐसी ममता, स्नेह, संवेदनशीलता, करुणा, मानवता भर लेनी चाहिये कि हम जिनसे मिले, उसमें समाहित हो जाएं और अपने आचरण से घर की मान-मर्यादा को बढ़ाते हुए एक आदर्श घर, स्वस्थ समाज और उन्नत राष्ट्र का स्तंभ बने। अपने कर्तव्य घर के सदस्यों के प्रति, समाज के प्रति, राष्ट्र के प्रति पूर्व निष्ठा व ईमानदारी से निभाना चाहिये। प्रत्येक व्यक्ति के कर्तव्य कई भागों में बटे हुए है। जैसे माता-पिता जी व बुजुर्गों के प्रति कर्तव्य, भाई-बहनों व कुटुम्ब के प्रति कर्तव्य, समाज के प्रति और राष्ट्र के प्रति कर्तव्य। आदर्श परिवार ही आदर्श समाज व आदर्श राष्ट्र का निर्माण करता है।

धैर्य, संयम, त्याग, और प्रेम आदर्श घर के चार स्तंभ है।

प्रत्येक संस्कारिक, मर्यादित, आदर्श घर ही एक स्वस्थ समाज और उन्नत राष्ट्र के रामराज्य की कल्पना कर सकता है। हमारी सोच, विचार, चिंतन घर के सदस्यों के बीज सकारात्मक (Positive) होना चाहिये। आज देखा जाता है कि एक भाई दूसरे भाई की उन्नति देखकर दुखी होता है। और पड़ोसी की उन्नति देखकर खुश होता है।

बचपन में एक कहानी पढ़ी भी कि बुजुर्ग पिता जी के चार पुत्र थे। पिता जी ने चारों पुत्रों को बुलाया और एक लकड़ी का गढ्ढा दिया और बोला, इसे तोड़ दो। सभी पुत्रों ने पृथक-पृथक शक्ति लगाई, लेकिन वह नहीं टूटा। फिर पिता जी ने एक-एक लकड़ी चारों पुत्रों को दी। चारों पुत्रों ने इसे आसानी से तोड़ दिया। पिता जी ने यह कहा कि सभी साथ मिलकर घर में रहोगे तो किसी प्रकार की हानि नहीं होगी।

इसलिये कहते है सेवा मार्ग, भक्ति मार्ग से ऊंचा होता है जैसे माता पिता जी बुजुर्गों की सेवा, अतिथियों की सेवा व सत्कार, जरूरत मंद निर्धनों एवं असहायों की सेवा। गृहस्थ जीवन एक बहुत बड़ी तपस्या है, जो व्यक्ति या परिवार आदर्श घर के उपरोक्त सूत्रों, मंत्रों या सिद्धांतों पर चलता है, वह मोक्ष मार्ग में बढ़ जाता है।

निष्कर्ष:- यदि घर के प्रत्येक सदस्य अपने स्वार्थ के पहले दूसरे सदस्य के लाभ, हित की सोचे तो कोई कटुता नहीं आ सकती है। क्या हमारी जीभ को अच्छे स्वादिष्ट व्यंजन की ललक नहीं रहती, तो फिर एक स्नेहपूर्ण प्रेम से घर में सदस्यों के बीच आनंद लेने की क्यों नहीं होती। एक

शराबी क्या जाने आदर्श घर में रहने का नशा क्या है? अरे एक बार आदर्श घर का मजा ले लो, छूटे नहीं छूटेगा यह मजा।

अध्याय-9

आदर्श भोजन

हमारा भोजन यत्न से प्राप्त किया होना चहिये एवं संयमित होना चाहिये। यत्न द्वारा, युक्ति-पूर्वक, जाग्रत अवस्था में, जागरूक रूप से विवेक-पूर्व, पूरे होश एवं सावधानी से किये गये आहार को ही आदर्श आहार कहते है।

भोजन तीन प्रकार से खाया जाता है:

1. स्वाद की दृष्टि से - जिसे पेटू भोजन कहते है, जो स्वाद की दृष्टि से खाना खाते है। चाहे वह भोजन पेट में जाकर उपद्रव करने लगे या पाचन तंत्र खराब कर

दे। अरे पेट अपना है, भोजन तो पराया है। ये लोग पेट देखते है, प्लेट नहीं। फिर कितना ही शारीरिक कष्ट क्यों न झेलना पड़े। भोजन करते समय कुछ स्वाद तो आता है, लेकिन अधिक भोजन कुछ समय बाद अपना आतंकवादी रूप हमें बताता है, जो कई विकारों के रूप में शरीर से बाहर निकलने को उतावला होता है, हमें संयमित और नियंत्रित भोजन करना चाहिये।

2. स्वास्थ्य की दृष्टि से- भोजन स्वास्थ्य की दृष्टि से लेना चाहिये। पौष्टिक भोजन लेना चाहिये, जो शरीर को हृष्ट -पुष्ट एवं ताकतवर बनाता है।

3. आचरण की दृष्टि से- भोजन ऐसा होना चाहिए कि शरीर को ताकतवर तो बनाएं, लेकिन हमारे भीतरी आचरण को भी आत्मिक, अनुशासित एवं आध्यात्मिक बनाएं।

जीवन में हर पौधा उगता है। लेकिन हम गुलाब का पेड़ लगायेंगे, तो उसमें गेंदा का फूल नहीं उगेगा, उसी तरह हम जैसा भोजन करेंगे, हमारी सोच, आचार-विचार, क्रिया-कलाप एवं आचरण भी वैसा ही बनेगा।

कई जगह देश विदेश में सर्वेक्षण हुए- मांसाहारी एवं शाकाहारी व्यक्तियों की प्रवृत्ति एवं चरित्र पर। उसमें पाया गया कि मांसाहारी प्रवृत्ति ज्यादा उत्तेजक, हिंसात्मक चरित्र की होती है। अपवाद सब जगह होते है, लेकिन मांसाहारी हर समस्या

कम खाना व कम बोलना कभी नुकसान नहीं करता है।

का समाधान ताकत एवं डंडे के बल पर सुलझाते है। जबकि शाकाहारी शांति से बातचीत द्वारा सुलझा लेते है। प्रतिदिन पेपर उठाकर पढ़े तो रोज लड़ाई, झगड़े मारपीट, हत्या आदि अपराध की वारदातें होती है उसमें ज्यादातर प्रतिशत मांसाहारी व्यक्तियों के नाम ही अपराध से जुड़े पाये जाते है।

हम अपने घर की नाली तो साफ कर लेते है, लेकिन तन के अंदर मन रूपी नाली को साफ नहीं करते है। जिस तरह गाड़ी में पेट्रोल की जगह मिट्टी का तेल डाला जाये तो गाड़ी ठीक नहीं चलेगी, उसी प्रकार शरीर में मांस मंदिरा, गांजा, भांग, तम्बाकू, गुटका, सिगरेट आदि व्यसन के जाने से शरीर रूपी गाड़ी ठीक नहीं चलती है। मंदिरा, शराब, गांजा, भांग लेने वाले का कोई चरित्र नहीं होता है। वे कभी कुछ बोलते है, कभी उससे पलटकर झूठ बोलते है, दूसरों से अभद्र व्यवहार इनकी आदतों में होता है, जो शादी-विवाह या अन्य अवसरों में प्रायः रात में सड़कों में दिख जाता है, कि कैसे लड़खड़ाते गाली देते, मारते या पीटते हुए घर तक पहुंच पाते है। पहले हम शराब, मदिरा, आदि का सेवन करते है, फिर ये व्यसन हमारा सेवन करते है, और हमें पूर्णरूप से पचाकर ही दम लेती है।

खान पान में मांस या उससे निर्मित खाद्य पदार्थों का आता है। संत कहते है कि यह कैसी विडम्बना है कि जिस बकरे का मांस खाया जाता है, वह बकरा भी शाकाहारी रहता है और घास खाता है 'मांस नहीं'। क्या हमारी सोच उस बकरे से भी कम है। हमें अपने आहार में, भोजन में, मांसाहारी पदार्थ

जैसा खाये अन्न, वैसा बने मन।

या उससे निर्मित या उसके द्वारा युक्त भोजन को शामिल नहीं करना चाहिये। इनमें मांस, शहद (मधु), मक्खन, पनीर, आइसक्रीम आदि से परहेज बताया गया है। इस सभी चीजों में किसी न किसी रूप में मांस प्रयुक्त होता है या हिंसा की भावना रहती है लेकिन घर पर बिना केमिकल द्वारा बनाया गया पनीर, मक्खन एवं आइसक्रीम आदि वर्जित नहीं है, उसे खा सकते है। क्यों उसमें टाटरी या नींबू आदि का प्रयोग किया जाता है। आइसक्रीम घर पर ही दूध द्वारा बनाई जा सकती है वैसे भी खाने पीने की वस्तु एक समयावधि तक ही उपयोग में की जानी चाहिये। कई प्रसंगों में इसका समय 48 घंटे बताया गया है। सिगरेट, गुटका आदि में पैकेट के ऊपर लिखा रहता है चेतावनी - 'यह स्वास्थ्य के लिये हानिकारक है।' फिर भी हम सेवन करते है और प्रायः देखा जाता हैकि अच्छे-अच्छे डाक्टर साहिब भी लेते है, जो इसके परिणाम को अच्छे से जानते है और स्वास्थ्य के क्षेत्र हमारे प्रेरणा स्रोत है।

एक बार सरिता पत्रिका में एक आर्टिकल इस गुटके के ऊपर आया था, कि इसमें छिपकली आदि का चूरा मिलाया जाता है। उस पत्रिका में दो चित्र आदमी के बनाये गये थे। पहला, गुटका खाने के पहले, साफ व सौम्य चेहरा। दूसरा चित्र आदमी के गुटका खाने के बाद विकृत चेहरा, सड़ा हुआ, गले की नली बंद होना, खाना नहीं खा पाना और कैंसर रोग की ओर अग्रसर होकर अपने जीवन को खत्म करते है

और अपने ऊपर आश्रित परिवार को मझ धार में छोड़कर असमय ही इस दुनिया से विदा ले लेते है। सरकार इस पर रोक व बंदिश लगाती है, लेकिन कानूनी दांव-पेच से यह बंदिश शिथिल कर दिये जाते है। हमें बाहरी नियंत्रण की जरूरत क्यों पड़ती है? हम स्वयं अपनी आंतरिक प्रेरणा, इच्छा शक्ति और संयम से इसे वर्जित करें। हमारा कर्तव्य घर व समाज के प्रति बनता है कि यदि हम खाते या सेवन करते है तो छोड़ दे और दूसरों को भी छोड़ने के लिये प्रेरित करें। गुजरात में गुटके का चलन ज्यादा है और वहीं कैंसर के हास्पिटल ज्यादा है। कैंसर होने पर उसका इलाज नहीं है, बस समय दिन, माह में काटते हुए, परिवार के सदस्यों को आर्थिक, मानसिक एवं शारीरिक बोझ बनकर उन्हें त्रस्त करते है और घर परिवार को निर्धनता एवं आर्थिक तंगी की ओर ढकेलना है।

हमें रात्रि कालीन भोज, होटल के भोज आदि पर संयम रखना चाहिये। यदि हम भोजन पर नियंत्रण, संयम रखें और समय पर अपना पेट देखते हुए शुद्ध शाकाहारी भोजन करें, तो हमारे स्वभाव में शांति, विवेक, सरलता और धैर्य झलकेगा और दैनिक क्रिया कलापों में कोई तनाव नहीं रहेगा। हमारा व्यवहार दूसरों के प्रति स्नेहपूर्ण एवं मित्रतापूर्ण रहेगा और दूसरा भी आपके साथ उसी तरह सौम्य व्यवहार करेगा। इसलिये कहते है कि दूसरों के साथ वैसा व्यवहार करो, जैसा आप अपने साथ चाहते हो।

> भोजन न लेने से शरीर शिथिल होता है किंतु
> स्वाध्याय न मिलने पर बुद्धि भ्रष्ट हो जाती है।

होटलों में भोजन इसलिये वर्जित मानते है क्योंकि वहां एक ही किचन रहता है, बनाने व परोसने वाले भी एक ही रहते है, जहां शाकाहारी व मांसाहारी दोनों भोजन बनते है। क्योंकि चाहे कितनी भी सावधानी रखी जाये, कहीं न कहीं उनका मिश्रण हो ही जाता है। हमारी भारतीय संस्कृति में ऐसे भोजन को पूर्णरूप से बाधित एवं वर्जित किया गया है।

लेकिन आज देखा गया है कि जिस धर्म जाति व सम्प्रदाय में मद्य मांस आदि का निषेध माना गया है, वे ही चोरी छुपे इनका सेवन सबसे ज्यादा कर रहे।

निष्कर्ष:- हमारे शाकाहारी भोजन में सबसे ज्यादा हितकारी, स्वास्थ्यकारी ताकत देने वाले पदार्थ फल, मेवा आदि है। हम उनका उपयोग समय से करते हुए, अपने को बाहरी दुष्परिणामों से बचाते हुए अंदर की आत्मा, मन को साफ, निर्मल करें एवं एक उत्तम चरित्र, आचरण का निर्माण करें। क्योंकि भोजन हमारे लिये बना है, हम भोजन के लिये नहीं बने है। पूज्य संत तो यह कहते है कि भोजन नहीं मिला तो शरीर दुर्बल हो सकता है किन्तु दिमाग को स्वाध्याय नहीं मिला तो बुद्धि भ्रष्ट हो जाती है।

अध्याय-10

डिस्क कनेक्शन ने किया हमें

डिस कनेक्ट

एक व्यक्ति स्कूटर से जा रहा था। चौराहे पर पुलिस ने डंडा दिखाकर रोका और कहा कि हेलमेट नहीं पहने हो 100/- रुपये जुर्माना दो। डंडे के डर से यहां तो आपने केवल अपना सिर ही बचाया, लेकिन पूज्य संतों की स्नेह भरी प्रेरणा हम मान ले तो सिर ही क्या-पूरा जीवन ही बच जायेगा। लेकिन यह बात हमें समझ में नहीं आती या हम समझने का प्रयत्न नहीं करना चाहते और एक बाहरी शक्ति भी हमें नहीं करने देती है वह है टी.वी. या डिस्क कनेक्शन (T.V.),

आज डिस्क-कनेक्शन ने हमें परिवार, समाज से लगभग डिसकनेक्ट कर दिया है।

आज दिन भर की भाग दौड़, ऑफिस, पढ़ाई -लिखाई की आपाधापी के बाद बचा समय हमें टी.वी. के विविध बिगड़ैल कार्यक्रमों में व्यतीत करते है ओर अपनी सुख चैन का जीवन, सुकून की नींद छोड़कर एक दूषित और अव्यवस्थित जीवन जी रहे है।

आज टी.वी. के माध्यम से हमसे पैसे लेकर विदेशी संस्कृति हमें परोसी जा रही है। और हम उसे ग्रहण करके अपने परिवार व समाज को दूषित कर रहे है। आज ज्यादातर घरों में रात को देर तक टी.वी. चलता है। बच्चे व बड़े सुबह देर से उठते है ओर फिर अधूरी नींद लेकर। एक प्रयोग द्वारा यह सिद्ध हुआ है कि रात को देर तक टी.वी. देखने से वही सीन (दृश्य) बार-बार आते है ओर नींद में रूकावट डालते है और नींद नहीं आती है।

यदि रात में 9 बजे के बाद कोई आध्यात्मिक किताब का पाठन कर ले तो पढ़ते-पढ़ते ही नींद जा आयेगी और प्रातः बड़ी ताजगी के साथ उठेंगे। यह ठीक वैसे ही उदाहरण है कि शादी में उत्तम हलवाई व उत्तम सामग्री से बने भोजन में भी कुछ कमी रह जाती है। किन्तु भगवान के भंडारे में साधारण हलवाई द्वारा उपलब्ध सामग्री से बनाये गये प्रसाद, भंडारे, भोजन में कोई कमी नहीं रहती है।

> जीवन में पतन का कारण है, समय की बर्वादी,
> पाखंड, घमंड।

यह है भाव का अंतर। आज टी.वी. ने इसी भाव को विकृत रूप देकर मनुष्य को जहरीला और खतरनाक बना दिया है। मनुष्य के चिंतन को दूषित कर दिया है। हमारी मानसिक स्थिति या सोच सकारात्मक होने के बजाय नकारात्मक हो गई है।

हम एक प्रसिद्ध डा. साहब के यहां घर गये। वहां उन्होंने चर्चा में बताया कि बच्चे देर से उठते है तो स्कूल में देरी होती है। हमारे पूछने पर उन्होंने बताया कि रात को 10 से 11 बजे तक सामूहिक भोजन टी.वी. देखते हुए करते है, फिर 12 बजे रात को सोते है। उन्होंने बताया कि किसी-किसी सीन में हमारा बच्चा भोजन का कौर मुंह में हाथ से लेकर जाता है और वहीं 10 मिनट तक रुक जाता है। वे भोजन के साथ दूषित विचार व संस्कार ग्रहण कर रहे है जो स्थाई होते है।

उनकी दिनचर्या में परिवर्तन करके रात का टी.वी. बंद किया गया। अब सभी लोग शीघ्र खाना खाकर सो जाते है और आपस में विचार विमर्श होता है।

अब टी.वी. का दुष्परिणाम हमें दिखता है कि पहले हमें परिवार और समाज से अलग किया और अब अपने पड़ोसियों व परिचितों से दूर होने जा रहे है और आपसी संबंध न होने के कारण बच्चों के शादी विवाह का योग ढूँढने में बहुत मेहनत पड़ रही है। यह काम भी नेट से शादी डॉटकॉम, भारत मॅट्रिमोनी आदि में लिया है।

नेट टीवी, व्हाट्स अप का सदुपयोग होता, उत्तम अन्यथा सत्यानाश।

आज टी.वी. ने हमें बच्चों से अलग करने का कार्य किया है। ऑफिस एवं स्कूल के बाद हम परिवार के सदस्य जितनी देर भी घर में रहते है तो ज्यादातर समय टी.वी. देखने में बिताते है। इसका दुष्परिणाम यह होता है कि आपस में एक दूसरे के विचारों का आदान प्रदान नहीं होता है, बच्चों की जरूरतें व उनके आगे की सोच वे बता नहीं पाते है और दूसरी तरफ माता-पिता या बुजुर्गों की प्रेरणा व उनके अनुभव से बच्चे वंचित रह जाते है। बच्चे यह नहीं समझ रहे है कि हमारे माता-पिता जी कितने कठिन श्रम से जीविकोपार्जन करके हमें पढ़ा रहे है। अब धीरे-धीरे बच्चों एवं माता-पिता के संबंध व्यावसायिक (Commercial) होते जा रहे है। प्रत्येक माह के पहले हफ्ते में बच्चों को पैसे का इंतजार रहता है ओर पढ़ लिखकर वह अपने नये जीविकोपार्जन की शुरुआत करता है, तो उसका कोई भावात्मक संबंध अपने माता-पिता से नहीं रहता है याने कह सकते है कि 'जरूरत वाला संबंध।' आज विदेशों में बसे भारतीय बच्चों के पास जब माता-पिता भारत से उनके पास विदेश जाते है, तो 80% प्रतिशत माता-पिता बुलाये जाते है कि बच्चे का जन्म होता है तो तीन माह के लिए आये। बच्चे की देखरेख करना है। माता-पिता को घुमाने या पास में रखने का प्रतिशत नगण्य है। विदेश में शिशु का जन्म व उसकी परवरिश महंगी है, और माता-पिता के आने-जाने, रहने का व्यय उससे कम है।

हम कहां जा रहे है यह टी.वी. की विचारधारा हमको सबसे अलग करके धीरे-धीरे एकांत व फिर वृद्धाश्रम की ओर

अग्रसित कर रही है। हर सुविधा के दो पहलू होते है - लाभ व हानि। टी.वी. के लाभ भी है, लेकिन उचित कार्यक्रम, उचित समय पर देखा जाये तो लाभप्रद है। लेकिन ऐसा देखने को कम ही मिलता है, या नगण्य ही।

हमारी संस्कृति में अतिथि को देवतुल्य माना गया है लेकिन जब हम टी.वी. देख रहे हो और कोई अतिथि आ जाये तो हम अनिच्छा से उससे बात करते है और सोचते है कि ये अतिथि कब जाये। हमने न तो पानी का पूछा ओर न टी.वी. बंद किया। यह उस अतिथि का अपमान है, शिष्टाचार के खिलाफ है ओर यह हमारी सोच व गलत व्यवहार का परिचय देती है। जिसका हमारी संस्कृति में सख्त विरोध है।

आज हमारी स्थिति विचित्र हो गई है कि हम केबिल (डिस्क) रूपी बारूद परिवार में लगा रहे है और जब हमारे बच्चे उस बारूद के पटाखे बनकर फूटते है याने अनादर करते है तो कहते है, कि ऐसा क्यों करते हो। हमने ही तो टी.वी. का दूषित बीज बोया है, तो उसका दुष्परिणाम भी सर्वप्रथम हमें ही भोगना होगा, फिर बाद में समाज व देश की संस्कृति पर कुठाराघात होगा।

निष्कर्ष:- अभी भी समय है। हम दूरदर्शन, टी.वी. (T.V.) देखें अवश्य लेकिन उससे एवं उसके दुष्प्रभावों से दूर रहकर। परिवार के साथ सीमित समय में एवं सीमित सीरियल ही देखे जाएं, जो परिवार के साथ बैठकर देखना उचित हो। ऐसा न हो कि कुछ दृश्य हमें शर्म से कमरे के बाहर जाने

नेट टीवी, व्हाट्सएप्प, फेसबुक अखण्ड जैसे है, जहां जाना आसान है, छोड़कर वापस लौटना आसान नहीं॥

पर विवश कर दें और उसका दूषित प्रभाव परिवार के अन्य सदस्यों पर छोड़ दें।

भारतीय संस्कृति एवं संस्कार उत्तम है, उसे स्वस्थ बनाए रखने का फर्ज हमें निभाना ही होगा अन्यथा अपनी बंदूक की नोक अपने सीने में दागने जैसी स्थिति होगी। कहीं ऐसा न हो कि जीवन के अंतिम पलों में हम यह विचार करें पछतावे के साथ कि काश हम डिस्क कनेक्शन न लेते, तो हमारे बच्चे नहीं बिगड़ते। एक कहावत है अब पछताये का होत, जब चिड़िया चुग गई खेत।

करुणा

आज हमारे जीवन रूपी बिल्डिंग का करुणा रूपी एक स्तंभ (पिलर) कुछ कमजोर होता नज़र आ रहा है। इसे पुनः जीर्णोद्धार (रिपेयरिंग) की जरूरत पड़ गई है। क्योंकि इसी करुणा पर हमारी बिल्डिंग रूपी धर्म एवं मानवता का जीवन टिका हुआ है। सबसे पहले हमारे दिल में, हृदय में दया, करुणा, स्नेह का भाव पैदा, होना चाहिये। तभी धर्म का

जन्म होता है और विकास होता है। इसका प्रत्यक्ष उदाहरण हमारे भगवान गौतम बुद्ध हुए है। उन्होंने करुणा के जागृत होने पर अपना पूरा वैभव से भरा जीवन त्याग कर धर्म को स्थापित किया।

हमारे हृदय में आत्म तत्व होना चाहिये और संवेदनशीलता भी। और हम दूसरे व्यक्ति की आत्म-सत्ता को स्वीकार करें और उसे भी उतना महत्व दे जितना अपने को। हम अपने हित के बारे में सोचते है, सुख पाना चाहते है, अपने प्राण की रक्षा करना चाहते है, तो ऐसा दूसरों के बारे में भी सोचें। उनके प्राणों की रक्षा, उनके हित व सुख के बारे में सोचें, ध्यान रखे और चिंतन करें। इसलिये कहा है कि अपने स्वार्थ के पहले दूसरों के हितों का भी ध्यान रखना चाहिये।

पूज्य संत तो सभी व्यक्तियों के हित व सुख की सोचते है। लेकिन सज्जन व्यक्ति वह है, जो दूसरों का अहित न करते हुए, अपने हित के बारे में सोचता है। लेकिन व्यक्तियों को करुणा की दृष्टि से तीन भागों में बांटा गया है -

1. उत्तम पुरुष:- वे व्यक्ति जो अपने हित का ध्यान रखते है और दूसरों के हितों का भी ध्यान रखते हैं।

2. मध्यम पुरुष:- वे व्यक्ति जो अपने हित का ध्यान रखते है, और दूसरे व्यक्तियों का अहित नहीं करते हैं।

> वाणी की वीणा बनाकर उपचार करें। बाण बनाकर घायल नहीं॥

3. निम्न पुरुष:- वे व्यक्ति जो अपने हित के लिये दूसरों के हितों का हनन करते हैं, उन्हें हानि पहुंचाते हैं।

हमें उत्तम पुरुष बनने का प्रयत्न करना चाहिये। लेकिन आज हम दुःखी है, इसलिये नहीं कि हमें कोई कष्ट है, वरन इसलिये कि पड़ोसी या सामने वाला व्यक्ति सुखी है।

हमें भगवान की पूजा करते समय सभी की मंगलमय सुख की कामना करना चाहिये। आज भगवान से हम थोक में या सभी प्राणी मात्र के लिये सुख मांगे तो हम भी शामिल है। लेकिन विडम्बना यह है कि आज हम अपने लिये उस मूर्ति रूपी बेजान भगवान से सब मांगते है, उनकी पूजा करते है। लेकिन उसी भगवान द्वारा बनाई गई जीवित मूर्ति रूपी मानव की पूजा नहीं करते है।

भगवान ने जो आत्मा हमारे शरीर में दी है, वही आत्मा प्रत्येक प्राणी के शरीर में दी है। जब दोनों आत्मा में अंतर नहीं है तो फिर क्या हम अहित का सोचें। एक बड़ा अच्छा उदाहरण है कि हमारे ड्रायंग रूम में कोई व्यक्ति आये और सामान इधर-उधर करें या तोड़े, तो हमें गुस्सा आयेगा या नहीं। उत्तर अवश्य आयेगा। फिर भगवान के बनाये हम ड्रायंग रूम रूपी संसार में सजे सभी प्राणियों को हम क्यों छेड़ते है, सताते है, दुख देते है। भगवान अवश्य नाराज होंगे। हम माने या ना माने।

भगवान हमसे कुछ नहीं मांगता है। बस प्रभु की इच्छा का पालन करें कि किसी आत्मा को दुख न दें, अहित न करें,

न सताये उसे। फिर देखे कि भगवान कितना ज्यादा सुख हमें देता है। किस रूप में सुख? यह अनुभव करने की चीज है। प्रायः हमने देखा है, कि कोई हमसे घर के दरवाजे पर या दुकान पर या स्टेशन पर या रास्ते पर भिक्षा मांगता है, तो हम गरीब, असहाय, जरूरतमंद अपाहिज को यह उपदेश देकर भगा देते है कि जाओ कि काम ढूँढो या काम करके कमाओ आदि। अरे वह भिक्षा मांग रहा है हमसे। उसने अपना अपमान करने का अधिकार हमें नहीं दिया है लेकिन हम उसे कुछ खाना, पैसे वस्तु आदि दे दे तो वह हमें दुआ देते हुए विदा होगा और वह दुआएं बहुत काम आती है हमारे। जो दिखती नहीं है।

मुझे ध्यान आता है कि हम परिवार सहित 1989 में इलाहाबाद जा रहे थे मेरा 3 वर्ष का बच्चा साथ था, जिसे उसकी दादी जी ने एक सिक्का गंगा नदी में डालने को दिया था। स्टेशन पर खड़े थे, एक गरीब अपाहिज सामने आया और बच्चे ने वह सिक्का उसे दे दिया और डर के मारे हमारे तरफ देखा कि कहीं डांट न पड़े। लेकिन हमने उसके कार्य की, करुणामय सोच की तारीफ किया और यही यह करुणा का बीज फूटा और आज उसका विश्वास करुणा और धर्म पर अटूट हो गया और आज भी वह समाज में प्रतिष्ठा पाकर करुणामय कार्य कर रहा है। हो सकता है कि यदि हम उस समय स्टेशन पर डांट देते थे तो वह एक निर्दयी, संवेदन हीन बालक बनकर समाज के लिये नुकसान देय होता है। हमारे पास भगवान की दी हुई धन-दौलत है। प्रायः हम उसे

करुणा करने वालों का शरीर परोपकार से सुगंधित होता है। चंदन से नहीं।

अनावश्यक भौतिक साधनों या मदिरा आदि में खर्च करते है, लेकिन एक असहाय, पीड़ित व्यक्ति को देने के लिये एक पैसा भी नहीं रहता है। वरन मांगने पर उलाहना मिलता है। हमें पत्थर की मूर्ति की बजाय चेतना रूपी (मानव रूपी) भगवान की मूर्ति का पूजना चाहिये इसी में पुण्य एवं आनंद की प्राप्ति होती है। जो परम एवं चिर स्थाई होता है। अन्य आनंद, सुख, क्षणिक होते है।

मदर टेरेसा का उदाहरण बहुत अच्छा है हमारी आँखें खोलने के लिये। एक बार किसी ने पूछा कि हमारी पूजा और आपकी पूजा में क्या अंतर है? उन्होंने उत्तर दिया कि यदि एक कबूतर घायल होकर तड़पता है तो हिंदू उसके पास चावल डालकर चारों तरफ चक्कर लगाते है। जबकि हम उसे उठाकर सहलाते है, उपचार करते है और उसके प्राण बचाने का प्रयत्न करते है।

जबकि हमारे चक्कर लगाने से उसके प्राण उड़ जाते है। हमें प्राणियों की पूजा नहीं सेवा करना चाहिये। वही सेवा सही अर्थों में पूजा है। कई बार देखा जाता है कि जब तक गाय दूध देती है तो उसकी पूजा होती है और दूध न देने पर लाठी से पिटाई होती है।

इंसान की इंसानियत, करुणा कहां चली गई है, वह हैवान होता जा रहा है। अरे यदि हम भगवान की पूजा न करें, लेकिन धरती के प्राणी रूपी भगवान को पूजे। तो इससे बड़ी पूजा और भक्ति नहीं हो सकती है। हमारी आँख आँख

> अपने दुख नहीं, दूसरों के दुख को देखकर आंसू बहना ही करुणा है॥

नहीं है, दिल दिल नहीं। यदि उसे दूसरों का दुख दर्द नहीं दिखाई दे या महसूस नहीं हो। प्राणी नाथ सम्बोधन होता है, हमें प्राणी को नाथ मान कर, साथ निभाते हुए उसकी सेवा करना चाहिये। भोजन से पेट भरता है और कुछ समय बाद फिर भूख लग जाती है। लेकिन भोजन भूखे को देकर जो पेट भरता है, वह कभी खाली नहीं हो सकता है। हमारे कई ऋषि संत, राजा, आदि हुए है जिन्होंने अपने लिये बना खाना, परोसी थाली आने वाले अतिथि या भूखे व्यक्ति को दे दिया और स्वयं भूखे रहे। लेकिन अब आज जमाना उल्टा हो गया है- हमारा पेट भरा हो, तब भी हम भूखे व्यक्ति की रोटी छीन रहे है।

इसका बहुत बड़ा अर्थ है, जिसे लिखा नहीं जा सकता है। केवल स्थूल रूप से ईश्वर पूजा के लिये कोई कर्म काण्ड ही अपनाने रहने की अपेक्षा, साकार ईश्वर मानवता की सेवा ही सार्थक एवं उसकी श्रेष्ठ उपासना है।

हमें अपने हित या स्वार्थ के पहले दूसरे के हित, स्वार्थ या लाभ का ध्यान रखना चाहिये। तुलसी दास जी ने लिखा है कि दया धर्म का मूल है और आखिरी सांस तक दया नहीं छोड़ना चाहिये। हमारे हाथ की मुट्ठी बंद नहीं रहना चाहिये बल्कि हथेली खुली रहे, तो धन का प्रभाव ऊपर से प्रभु देता है, जो नीचे बरसाना है, जरूरतमंद लोगों को। यह हम नहीं करते है, हम तो केवल एक माध्यम है, पोस्टमैन है। किसी का दिया पत्र हमें दूसरे तक पहुंचाना ही पोस्टमैन का धर्म है। इसलिये दो शब्दों का अर्थ एवं उनका उल्टा अर्थ जान ले, तो हमेशा करूणामयी उपकार, दान, होता रहेगा।

1. दया:- हम नीचे वालों पर दया करें तो इसका उल्टा कर दे 'याद'। प्रभु हमें 'याद' करेगा।

2. लाभ:- हम नीचे वालों पर 'भला' करें। तो इसका उल्टा कर दे, हमें लाभ देगा हमारा प्रभु।

हम प्रभु से अपने लिये तो हमेशा मांगते है, लेकिन हमारे पास देने के लिये कुछ नहीं रहता है। प्रायः हम देखते सुनते है कि कोई मांगने वाला भिक्षु आया तो हम कह देते है कि फिर आना अभी नहीं है। कहीं प्रभु ने यह सुन लिया, तो फिर हमारा क्या होगा? कि अभी नहीं है। कहीं ये सच न हो जाये। विचार करें। विश्वविजेता सिकंदर ने भी यही संदेश दिया कि अंत में खाली हाथ ही जाना है।

निष्कर्ष:- यदि हम दानवीर कर्ण न भी बन भी बन सके। लेकिन उन गरीब असहाय, अपाहिज व जरूरतमंद लोगों की सेवा करके अपनी आत्मा को परम आनंद की अनुभूति तो करा सकेंगे। साथ ही अपने बच्चों को भी ऐसा करुणा का संस्कार देकर आगे की पीढ़ी को सांस्कारिक बना सकेंगे। हम आरती करते है कि हे प्रभु तेरा तुझको अर्पण, मेरा क्या लागे। इस पर चिंतन करें। हमारे मन में यह विचार रहे कि हम भी भूखे न सोएं और जग भी भूखा न सोएं। हमें ऐसे अच्छे करुणामयी कार्य, सेवा करना चाहिये कि यह कहावत चरितार्थ हमारे लिये रहे-

हम आये, दुनिया हंसी। हम गये दुनिया रोई॥

अध्याय-12

आदर्श मानवता

मानवता मानव से ही बना है। मानवता का अर्थ बहुत विस्तृत है जिसमें कृतज्ञ होना एक प्रमुख अर्थ है। याने मनुष्य एक सामाजिक प्राणी है, वह अकेला कभी नहीं रह सकता है। उस पर समय-समय पर कई लोगों का, परिवार का, समाज का, राष्ट्र का आदि का उपकार किसी न किसी रूप में होता है और मानव इन सभी लोगों के प्रति जीवन पर्यन्त ऋणी रहता है, क्योंकि ये सभी लोग उसके विकास में

प्रत्यक्ष या अप्रत्यक्ष रूप से सहायक होते है। यदि हम कृतज्ञ होंगे, तो हमारे, ऊपर किये गये उपकार के लिये दूसरों के प्रति एहसानमंद होंगे।

वह आदमी परम संतोषी सुखी होगा। जो दूसरों के हित में सोचने वाला होगा, दूसरों का भला करने वाला होगा। वह कभी बदहाली से नहीं गुजरेगा। वह कभी कंगाल नहीं हो सकता है, क्योंकि उसके पास दूसरों की दुआओं का असीम भंडार होता है।

हमारी सोच कभी नकारात्मक नहीं होना चाहिये। जिद्दी या हठीपन नहीं होना चाहिये। आजकल प्रायः लोगों में यह भावना या प्रवृत्ति देखी जाती है, कि हम ही हम है बाकी तो मेरे सेवक या हमसे निम्न या छोटे है। यदि अगले ने शिष्टाचारवश, संस्कारों या संकोच के तहत आपका कोई कार्य कर दिया तो हम समझते है कि इसका भी हमसे कोई स्वार्थ है या कोई कार्य होगा, तभी मेरा कार्य कर रहा है। जबकि अगला अपनी मानवता, कर्तव्य निभा रहा है। लेकिन हमारी सोच, कुंठित, संकुचित हो गई है।

प्रायः देखा जाता है कि शादी या अन्य समारोह में सभी लोग सहायता करते है, जैसे कुछ स्टाफ के लोग, कुछ सहायक या कार्यकर्ता, या मजदूर, ड्राइवर आदि दिन रात सेवा में या कार्य में जुटे रहते है, किन्तु हम उन्हें खाना, नाश्ता आदि के लिये भी नहीं पूछते है। क्या हम इतने कठोर, गैर एहसानमंद

> जो मनुष्य समाज की सेवा करता है, वह सच में ईश्वर की सेवा है।

या संस्कार हीन हो गये है, कि दूसरे के उपकार को उसकी मजबूरी समझ ले। अरे कुता भी कुत्ते को देखकर भौंकता है किन्तु रोटी देने वाले मालिक के प्रति वफादार रहता है। किन्तु आज हमारे ऊपर कोई उपकार करता है तो हम उसके प्रति कृतज्ञ या एहसानमंद तो होते नहीं, वरन अपमान करने में भी नहीं चूकते है। ऐसे कृत्य करने वाले व्यक्ति को कृतघ्नी कहते है इस संदर्भ में नारियल का उदाहरण उत्तम है कि जब नारियल का पेड़ छोटा था तो उसे आदमी एवं प्रकृति ने पानी से सींचकर बड़ा किया और वही पेड़ बड़ा होकर कच्चा नारियल देकर हमें पानी पिलाकर अपना ऋण उतार रहा है, हमारे उपकार को चुका रहा है। यह हमारे लिये अच्छा सबक है।

किसी ने हमारे ऊपर थोड़ा सा उपकार किया है तो उसे भूलो मत। हमेशा उसके हित में सोचो और समय आने पर उसके काम आओ, लेकिन अब यह सिद्धांत दिखता है कि काम निकल गया तो पहचानते नहीं। प्रायः प्रत्येक व्यक्ति के जीवन में यह हादसा घटित होता है कि जब कोई व्यक्ति आपके सामने पैसा उधार मांगने या आपका मकान किराये पर मांगने आता है तो वह आपको देवतुल्य मानकर, हाथ जोड़कर, चिकनी चुपड़ी बाते करके उधार पैसा या मकान किराये पर लेता है। बाद में जरूरत पड़ने पर उससे अपना पैसा मांगे तो ऐसा लगता है हम भीख मांग रहे है या किरायेदार अपने को स्वामी बताकर कोर्ट में ले जाता है। दोनों स्थितियों में चक्कर लगाने पड़ते है। इसलिये कहते है कि

गिरगिट का सुसाइड नोट अब इंसानों का मुकाबला नहीं कर पाता, रंग बदलने में।

सुखी व्यक्ति को दुःखी देखना चाहते हो तो उससे किसी को पैसा उधार दिलवा दो या उसका मकान किराये पर दिला दो।

इसलिये कहते है कि दूसरे के द्वारा समय पर या आड़े वक्त पर किये गये उपकार को कभी मत भूलो। ताकि उसके हृदय में हमेशा उपकार की भावना बनी रहे। अन्यथा उसका हृदय भी इतना कठोर हो जायेगा कि सही या जरूरतमंद व्यक्ति भी उसके उपकार से वंचित हो जायेगा। जो व्यक्ति जितना उपकार करेगा, बांटेगा। वह व्यक्ति उतना ही महान और परम संतोषी होगा।

हमें तीन लोगों के प्रति कृतज्ञ और एहसानमंद होना चाहिये॥

1. माता-पिता जी के प्रति - पूज्य माता पिता जी का उपकार, ऋण हम जीवन पर्यन्त नहीं उतार सकते है। जिन मां पिता जी ने हमें जन्म दिया, अंगुली पकड़कर चलना सिखाया, पढ़ाया और हमें लायक बनाया। हमें उनके इस उपकार के प्रति कृतज्ञ हमेशा रहना चाहिये। लेकिन आज हम नालायक बनकर यह सोचते है कि यह तो उनकी ड्यूटी (कर्तव्य) थी। लेकिन हम अपनी ड्यूटी कर्तव्य को याद नहीं रखते है। शायद हम कुछ कार्य माता-पिता जी का कर भी देते है तो प्रायः इसे उन पर एहसान समझ लेते है।

यदि हमने अपने बच्चे के जन्म के पहले एवं जन्म के बाद उसके लिये क्या-क्या कर्तव्य निभाएं और कष्ट सहे। तो

अपनों को ही गले लगायेंगे, तो फिर उन इंसानों का क्या होगा जिनका कोई नहीं।

हमें याद आयेगा कि मेरे माता-पिता जी को इन्हीं कष्टों से गुजरना पड़ा होगा। तब हम कभी भी अपने बूढ़े, असहाय माता-पिता जी का अनादर नहीं करेंगे। माता-पिता जी कोई वस्तु नहीं है, जो बाजार में बिकती हो या कोई वस्तु उसे खरीद सकता है। आज हम माता पिता जी का ऋण न उतारे, उनके उपकार को न चुकाएं, तो कम से कम उनका अनादर तो न करें, उनके बुढ़ापे के जीवन यापन में कष्ट दायी तो न हो। माता-पिता जी की सेवा करके जो पुण्य, शांति और आत्मिक आशीर्वाद मिलता है, वह दुर्लभ है और न ही कहीं से बाजार से, मंदिर से प्राप्त किया जा सकता है और न खरीदा जा सकता है।

इसलिये कहते है कि -

पूत कपूत तो का धन संचय।

पूत सपूत तो का धन संचय॥

हमें हमेशा सपूत बनते हुए श्रवण कुमार के भाव का ध्यान रखते हुए अपने माता पिता जी की सेवा करना चाहिये। माता-पिता जी को हमारी करोड़ों की दौलत से काई लगाव नहीं है, उन्हें तो चाहिये बस दो मीठे शब्द सम्मान वाले।

2. गुरु के प्रति कृतज्ञता:- गुरु के उपकार का हम कभी ऋण नहीं उतार सकते। जो गुरु निश्चल मन से हमें शिक्षा देकर हमारे मानसिक और बौद्धिक विकास को आगे बढ़ाकर समाज में एक अच्छा स्थान, अच्छा

अनाज का अकाल इंसान को मारता है, और संस्कारों का अकाल मानवता को।

इंसान बनाते है और हमारी जीविका को चलाने में एक स्तंभ का काम करते है। पुराने समय में गुरु देव के सामने विद्यार्थी बैठते नहीं थे। विडंबना यह है कि आज साथ में बैठकर, गले में हाथ डालकर पान, सिगरेट और मदिरा पान करते देखे जाते है। हम गुरु वंदना करते हुए उनके चरण स्पर्श करना हमारी भारतीय संस्कृति धरोहर था। किन्तु आज "Thank You" (धन्यवाद) कर दें, तो हम उपकार करते है। इसलिये कहते है कि गुरु और गोविंद दोनों सामने खड़े हो तो पहले गुरु के चरण स्पर्श करना चाहिये। यदि हम कभी विद्यार्थी जीवन के गुरु जी मिलने पर चरण स्पर्श कर ले तो उनके आंख में अवश्य खुशी के आंसू देखेंगे।

अरे, माता-पिता जी तो अपना सर्वत्र न्योछावर कर देते है, जबकि गुरु अपने दिल का पूरा प्रेम, स्नेह, पूरी शिक्षा हमारे ऊपर न्योछावर कर देते है। गुरु हमें हमारी मंजिल तक पहुंचाते है गुरु हमें पैरों के नीचे की मिट्टी से घड़ा बनाते है, जिसका ठंडा पानी पीकर सभी कृतज्ञ होते है। जिस व्यक्ति ने गुरु, माता-पिता जी का अनादर किया। वह सबसे नीच कृतघ्न है, वह पशुओं से भी बदतर है। शास्त्रों में उसे नीच व्यक्ति मानकर हीन दृष्टि से देखा जाता है।

3. जीविका के प्रति:- हमें अपनी जीविका देने वाले के प्रति हमेशा कृतज्ञ होना चाहिये। क्योंकि वह हमारा

देह इसलिये मिली की हम दीनों निर्बलों का सहारा बने व एक दूसरे से प्रेम करें।

पेट भरने घर गृहस्थी चलाने में साधन है, सहायक है, उपकार कर रहा है। लेकिन आज हम जीविका पा लेने के बाद, हम उसके उपकार का बदला मुर्दा बाद का नारा लगाकर करते है कि हमारे कारण ही मालिक की फैक्ट्री या ऑफिस या जीविका चल रही है यदि हम अपने जीविकोपार्जन के मालिक के हित में सोचेंगे, उसके हितैषी बनेंगे तो निश्चित रूप से वह भी हमारे हित की सोचेंगे।

हमें उपरोक्त तीन लोगों के प्रति कृतज्ञ होना चाहिये और उन लोगों के प्रति भी कृतज्ञ होना चाहिये जिन्होंने किसी भी प्रकार से, किसी भी रूप में हमारे ऊपर उपकार किया गया है।

कृतघ्न व्यक्ति (उपकार न मानने वाले व्यक्ति) से समाज को तीन प्रकार की क्षति हो रही है।

1. यदि व्यक्ति उपकार करता है और उसे सकारात्मक प्रतिफल नहीं मिलता है वह व्यक्ति उपकार या परोपकार करने से पीछे हटने लगता है तो इससे उन व्यक्तियों का नुकसान होता है, जिन्हें उनके उपकार की जरूरत है।

2. अहम की भावना उत्पन्न हो जाती है। हमें उपकार करके भूल जाना चाहिये। लेकिन दूसरों के द्वारा किये गये उपकार भूलना नहीं चाहिये।

3. प्रेम भावना की कमी हो रही है। क्योंकि उपकार करने वाला व्यक्ति उन चाटुकार व्यक्तियों की बात

में आकर उपकार तो कर देता है फिर बाद में असलियत का पता लगने पर प्रेम भावना में कमी हो जाती है।

निष्कर्ष:- इसलिये कहते है अन्य पापों का प्रायश्चित हो सकता है। लेकिन कृतघ्नता या उपरोक्त तीनों माता-पिता, गुरु, जीविका दाता आदि के उपकार के प्रति अवहेलना का कभी नहीं हो सकता है। यह सबसे अभागा व्यक्ति रहता है।

आज हम अपने मतलब, स्वार्थ के लिये संकोच, लिहाज, सब एक किनारे रख रहे है। कृतज्ञ व्यक्ति महान, सुखी, संतोषी, और कुलीन होता है। इसलिये स्वामी विवेकानन्द जी ने कहा कि 'हम उस प्रभु के सेवक है, जिसे अज्ञानी लोग इंसान कहते है।' उन्होंने कहा किसी का कोई कार्य करते हुए या उसका हित करते हुए हम उस पर कोई एहसान या उपकार नहीं कर रहे है। इसलिये हमें अपने स्वार्थ से पहले दूसरों के लाभ का भी ध्यान रखना चाहिये।

हमें अपने उपकार का बखान, ढिंढोरा नहीं पीटना चाहिये। उससे उसका प्रभाव खत्म हो जाता है, और पुण्य भी क्षीण हो जाता है। अखण्ड ज्योति में एक लेख में यह खिला था कि यदि हमने ब्लड डोनेट किया और पेपर में समाचार निकलवा दिया तो जो पुण्य हमें मिलना था वह क्षीण हो जाता है। हमें अपने उपकार को इतना गुप्त रखना चाहिये कि यदि दायां हाथ उपकार करें तो बाये हाथ को पता न लगे।

यदि किसी ने हमारे ऊपर थोड़ा सा भी उपकार किया हो, तो जीवन पर्यन्त न भूलते हुए उसके उपकार को चुकाने का

संकल्प लेना चाहिये। यह तो वही समझ सकता है, जिसके पास सोच है। उपकार को ही सेवा कहा जाता है और कहा गया है कि 'सेवा मार्ग भक्ति मार्ग से भी ऊँचा है।'

एक सेव गिरा और न्यूटन ने ग्रेविटी की खोज कर ली यहां इंसान हर रोज गिरता जा रहा है और कोई भी मानवता को नहीं खोज पा रहा है।

अध्याय-13

लाज-शर्म

'लाज' एक छोटा सा शब्द है किन्तु इसका रूप बहुत वृहद है। 'लाज-लज्जा' या 'संकोच' याने कोई गलत कार्य या आचरण करने से रोकने का कार्य करती है। जिसके जीवन में लाज संकोच है, वह सही में एक आदर्श व्यक्ति है। लज्जा संकोच याने आंखो की शर्म से है, जो हमें सही कार्य करने की प्रेरणा देती है और बुरा कार्य करने के पूर्व उसके दुष्परिणामों से अवगत कराती है और उस कार्य को करने से रोकने का

प्रयास करती है। जिस व्यक्ति के जीवन में आंखों की शर्म, लज्जा एवं संकोच नहीं रहती है, वह व्यक्ति बेशर्म निलज्ज आदि कहलाता है। इसलिये संत रहीम ने कहा है:

रहिमन पानी राखिये, बिन पानी सब सून।

मतलब आंखो में लज्जा, संकोच शर्म लिहाज होना चाहिये और यह आदमी के अन्तःकरण से विकसित होता है, जो हमें अच्छे-बुरे कार्यों का बोध कराती है, एवं बुरा कार्य करने के लिए पहले एक बार सोचने को मजबूर करती है, चेतावनी देती है और यदि हमने फिर भी ध्यान नहीं दिया, तो इसका परिणाम अवश्य बुरा होता है, चाहे वह देर सबेर कभी भी हो। यह आत्मा से निकली आवाज है और यही आत्मा सबसे बड़ी हमारी मार्ग-दर्शक है। अच्छे उत्तम विचार मनुष्य को सफलता एवं सुखमय जीवन देते है, जबकि बुरे विचार एवं कार्य हमारा सिर व आंख शर्म व लज्जा से नीचे करते है।

आज हमें विदेशी सभ्यता, विचारों संस्कृति दूरदर्शन-टी.वी. के चैनलों के द्वारा विष के रूप में परोसी व सिखाई, दिखाई जा रही है। जो हमारे संस्कृति व चरित्र को खोखला कर रही है। पूरा परिवार एक साथ बैठकर ऐसे दृश्य को नहीं देख सकता है। उसमें ऐसे वस्त्र परिधान पहनकर ऐसे कृत्य होते है कि एक आदर्श चरित्र वाला व्यक्ति कभी भी नहीं देख सकता है। इन सब कारणों से हमारा चारित्रिक पतन होता जा रहा है। आपसी संबंधों में खटास आती जा रही है। आज लाज-लज्जा

संत है तो संस्कार है और संस्कृति है तो भारत की शान है।

संकोच के विलुप्त होने से वैवाहिक संबंध टूट रहें या तनाव ग्रस्त रहते है। आज बच्चों में अंग प्रदर्शन करने में कोई संकोच नहीं रहता है।

बच्चियों में होड़ लगी है कि वे पुरुषों के कपड़े पहने। यह अंग प्रदर्शन या कम से कम कपड़े पहनना हमें समाज में लज्जित तो करता है, बल्कि पूरे परिवार को लज्जित करता है, और कभी-कभी तो शर्मनाक दुर्घटनाओं को आमंत्रित करते है।

यह दोष हम बच्चों को या टी.वी. आदि को नहीं दे सकते है। यह पूरा दोष पूर्णरूप से माता-पिता जी का है, जिन्होंने बच्चों के स्नेह को भौतिक साधनों से खरीदकर, उन्हें व अपने को स्वतंत्र कर दिया है। बच्चा अपने कमरे में कौन सा साहित्य पढ़ रहा है या कम्प्यूटर, टी.वी. मोबाइल में क्या कर रहा है, यह देखने का समय व चिंता माता-पिता जी के पास नहीं है और जब माता-पिता जी का ध्यान इस तरफ जाता है, तब तक काफी देर हो चुकी होती है और माता-पिता जी बच्चों की इन गलत आदतों पर लगाम लगाने में असमर्थ रहते है।

यह माता-पिता जी को एक संदेश है, कि पहले वे आदर्श बने और टी.वी. आदि पर गलत सीरियल न देखें और देर रात तक न देखें, एक कामन हाल में, सभी सदस्य एक स्वस्थ सीरियल देखें, तभी आप बच्चों को मना कर सकते है।

> हनुमान ने अपने मान का हनन किया इसलिये हनुमान हो गये।

हम एक बार बड़े शहर में बच्चे की पढ़ाई के एडमीशन के लिये कालेज गये वहां बच्चियां मिनिमम वस्त्र धारण कर अपने पिता जी के बगल में बैठकर फार्म भर रहीं थीं पता नहीं पेरेन्टस को शर्म आई या नहीं। किन्तु प्रभु ने मेरी सुनी यहां पढ़ाई कम फैशन ज्यादा सीखेगा। खैर बच्चे का एडमीशन नहीं हुआ और दूसरे कालेज से प्राइवेट प्रथम श्रेणी व प्रोफेशनल पढ़ाई चार्टर्ड अकाउंटेंट की परीक्षा में पूरे भारत वर्ष में 50वाँ स्थान प्राप्त कर घर वापस आया उन्हीं संस्कारों को लेकर, जैसा वह अपने पूज्य दादा-दादी जी व माता-पिता जी से लेकर गया था।

वे माता-पिता जी धन्य है जो अपनी संतान को उत्तम संस्कार के साथ छोड़कर जाते है और उत्तम पुस्तकों की नैय्या उनका यह भव सागर पार करने के लिये देते है। जबकि धन, संपत्ति साधन एक दिन नष्ट हो जाते है, किन्तु उत्तम संस्कार व साहित्य जीवन पर्यन्त साथ रहते है और पीढ़ी दर पीढ़ी आगे बढ़ते रहते है। आज जिस कार्य को करने में हमें लज्जा व संकोच नहीं आना चाहिये। वहां लज्जा आती है, जैसे मंदिर जाने में, पूजा करने में सत्संग करने में, लज्जा आती है। लेकिन जहां शर्म आनी चाहिये, वहां नहीं आती है कि हम कोई गलत कृत्य कार्य करें, गलत सिनेमा देखने जाएं, शराब या जुआ घर जाएं आदि।

भारतीय वेशभूषा, परिधान जब स्त्री पहनती है तो उमसें सीता जी की छवि नजर आती है, कोई उस पर टीका टिप्पणी

नहीं करता। अन्य परिधान या विदेशी परिधानों में विपरीत स्थिति रहती है, जो हमें प्रायः देखने को मिलती है। आज जब एक पहिये पर साइकिल नहीं चल सकती है। उसी तरह बच्चे में चरित्र, लाज, संकोच का बीज बोने व विकसित करने का कार्य भी दो पहियों द्वारा होता है। जिस तरह एक पैर पर व्यक्ति दौड़ नहीं सकता है, किन्तु दो पैर से दौड़ सकता है, उसी तरह बच्चे में लाज, लज्जा, संकोच दो धुरी पर निर्भर रहता है।

1. **घर:-** घर में माता-पिता जी द्वारा अच्छी शिक्षा व संस्कार बच्चों को देना। प्रायः देखा जाता है कि जब बच्चे होम वर्क करके स्कूल नहीं जाते है या स्कूल में कोई गलत हरकत करते है। तो पेरेन्टस बच्चे को नहीं समझाते है, बल्कि स्कूल व शिक्षक से शिकायत करने चले जाते है- सब यहीं पर बीज उत्पन्न होता है, बच्चे में लज्जा, संकोच, शर्म खत्म करने का। फिर यही बच्चा गल्तियां करता जाता है, और असंस्कारिक होकर गलत या अपराध का मार्ग भी पकड़ लेता है। एक अपराधी सबूतों के अभाव में अदालत से बरी हो गया। तो एक संत ने उससे पूछा कि अदालत ने तुम्हें बरी कर दिया, किन्तु क्या तुम्हारी अंतरात्मा ने तुम्हें बरी किया। उस अपराधी ने जवाब दिया - नहीं। यह लज्जा का जवाब था जो हमारे अन्तरात्मा में निवास करती है।

अदब सिखाती है कलम - जब भी चलती है, तो
सिर झुकाकर।

2. **स्कूल:-** शिक्षा जो स्कूल में दी जाती है, यदि हमारे पूज्य शिक्षक जिम्मेवारी व लगन से पढ़ाएं, तो बच्चे को गलत कार्य करने का समय एवं सोचने का समय नहीं मिलेगा। लेकिन यह शिक्षा भी पूर्णरूप से कामर्शियल हो गई है। बच्चे पढ़ने जाना नहीं चाहते शिक्षक पढ़ाना तो चाहते है, लेकिन ट्यूशन के रूप में। हमारा समाज भी उसी रूप को मान्यता दे रहा है कि बच्चे पद व पैसे से सक्षम व उत्तम हों, चाहे चरित्र अच्छा न हो। मुझे याद है कि स्कूल में पिटाई, मुर्गा बनने आदि की सजा मिलती थी। लेकिन पेरेन्ट्स कोई शिकायत नहीं करते थे, हमारे कॉलेज के अंग्रेजी के एच.ओ.डी. श्री एस.के. श्रीवास्तव जी बिना फीस लिये पूरी लगन से पढ़ाते थे, पिटाई भी लगाते थे। उसका परिणाम यह निकला कि उनके पढ़ाए बच्चे अच्छे चरित्र वाले तो बने और अपने जगह उच्च पदों या स्थान पर है।

निष्कर्ष:- प्रत्येक माता-पिता जी, शिक्षक गण की यह नैतिक जिम्मेवारी है कि वे चरित्रवान बच्चों का निर्माण करके परिवार, समाज, देश को दें। ताकि परिवार, समाज, देश कभी भी लज्जित न हो। नहीं तो समाज व राष्ट्र उन्हें कभी भी माफ नहीं करेगा और उसके दुष्परिणाम की सजा उन्हें भी भोगनी पड़ेगी।

आज प्रत्येक को अन्तःकरण का परीक्षण, सुधार व परिष्कार की जरूरत है ताकि हमारी संस्कृति मजबूत हो। यह हमें धरोहर या विरासत में मिली है और अगली पीढ़ी को स्वस्थ संस्कृति देना है।

अध्याय-14

अहम एवं वहम

पुरानी कहावत है कि तीन तिगाड़ा काम बिगाड़ा। इसी तरह अहम एवं वहम दोनों शब्दों में तीन-तीन शब्द होते है। यह तीन अक्षर वाला अहम एवं वहम जहां भी जिस व्यक्ति के व्यक्तित्व में जिस घर में, जिस ऑफिस में या जिस समाज में विद्यमान रहता है, वहां विस्फोटक जैसी स्थिति होती है, यह प्रत्येक काम बिगाड़ देता है। यह शत-प्रतिशत सत्य है एवं अपने आसपास हम यह देख रहे है।

यह अहम एवं वहम दो शब्दों में अ एवं व शुरू में लगा है। बाकी पीछे के दोनों शब्द समान रूप से "हम" लगा है। याने दोनों स्थितियों में हम ही हम हैं, दूसरा कोई नहीं। दूसरे

की उपस्थिति, उसकी प्राथमिकता उसका उत्कर्ष, उसका रोल दरकिनार कर दिया जाता है।

"अहम" शब्द में हम ही सब कुछ है, इसमें व्यक्ति में "ईगो" रहता है, सुपेरियरिटी काम्पलेक्स रहता है, वह कोई कार्य करे या न करे, किन्तु उसके व्यक्तित्व, बातों से विचारों से अहंकार, अभिमान, झलकता है। इन सबसे किसी दूसरे व्यक्ति के व्यक्तित्व या उसके आत्म-सम्मान को चोट या कुठाराघात पहुंचती है। इस कुठाराघात के आभास का, पहुंचाने वाले के मन, हृदय दिल पर कोई असर नहीं पड़ता है, यह उसकी सोच से परे है कि वह एवं उसके अहम से सामने वाले के मन को कितना आघात लगा है। यह अहम एक तरह से "एक तरफा" One way traffic होता है। लेकिन इसका दुष्परिणाम कभी-कभी काफी गंभीर होता है। और उसे भुगतना पड़ता है, जब उसे सवा सेर मिल जाता है या वह परिवार में या समाज में "एकाकीपन" या अलग-थलग पड़ जाता है। अहम की अग्नि में, अहम याने अहंकार में डूबकर रावण ने क्या किया? सर्व विदित है। उसने स्वयं का, परिवार का, राज्य का, सैनिकों व उनके परिवार का नाश कर दिया। अहम पूरे कुल का नाश कर देता है।

"वहम" एक बिना नींव या बिना पिलर पर खड़ी बिल्डिंग है या ताश के पत्तों का महल है, जो कभी भी धड़ाम से गिर सकता है। कहावत है कि किसी ने एक व्यक्ति से कहा कि आपका कान कौआ ले गया है, वह कौआ को पकड़ने उसके पीछे-पीछे दौड़ा और यह नहीं देखा कि मेरा कान मेरे शरीर

में यथास्थान पर है या नहीं। वहम परिवार में, दोस्ती में, समाज में, रिश्तों में दरार पैदा करता है, आपस में दुराव पैदा करता है। दूसरे को शक की नज़र या गलतफहमी पालकर दूसरे को अपमानित करता है एवं करवाता है। इसमें वहम करने वाला व्यक्ति अपना तो नुकसान करता है, दूसरे की छवि को भी खराब करने का प्रयास करता है, और परिणाम यह होता है कि अन्य लोगों से दूरी बन जाती है। धीरे-धीरे अपनी छवि भी खराब हो जाती है। अन्य लोग दूरी बनाकर रहना चाहेंगे या मिलना पसंद नहीं करेंगे। रिश्तेदार एवं दोस्त आदि आपका आना जाना पसंद नहीं करेंगे। वहम की दवा हकीम लुकमान के पास भी नहीं थी। वहम करने से परिवार बिखर जाता है।

निष्कर्ष:- में कुल मिलाकर अहम और वहम स्वयं के लिये घातक, नुकसान देय एवं कष्टदायक है और भविष्य अच्छा नहीं रहता है। अहम एवं वहम इन दो शब्दों को पालने वाला व्यक्ति एक तरह से खतरे का निशान याने 440 वॉट का रहता है, जिसको छूने से कष्ट एवं दुख होता है। अहम एवं वहम एक आत्मघाती बम है, जिसमें आदमी स्वयं का भी अहित करता है और सामने वाले (आदमी, परिवार एवं समाज आदि) का भी अहित करता है।

> अहंकार झुकता नहीं, बल्कि स्वयं का नाश करता है
> जैसे रावण, कंस, हिटलर आदि।

देश मांगे मोर अच्छे नागरिक

यदि बीज बोकर उसकी अच्छे से देखभाल करें, तो वह पेड़ अच्छा पनपेगा और बड़ा होकर उत्तम फल एवं फूल देगा। अच्छे पेड़ और उसमें सुशोभित फल फूल को देखकर प्रत्येक का मन प्रसन्न होता है और फल फूल अपनी उपयोगिता को अच्छे से निभाते है एवं उनका उत्तम उपयोग व उपभोग होता है।

किन्तु यही बीज बिगड़ सकता है, टूट सकता है, खराब फल फूल दे सकता है, यदि माली उसकी उचित देख-रेख न करें और राहगीर व प्रकृति उसके साथ छेड़खानी करें तो।

ठीक इसी तरह एक छोटे बच्चे की परवरिश या देखभाल होती है। 'माली' के रूप में उसके माता-पिता जी व शिक्षक होते हैं। राहगीर होते हैं उसके अपने घर के स्कूल के समाज के अन्य सदस्य व दोस्त।

कोई भी माता-पिता जी नहीं चाहेंगे कि उनके बच्चे में कोई खराब आदत पड़े। प्रत्येक माता-पिता जी की तीव्र व आन्तरिक इच्छा रहती है कि उनका बच्चा पढ़ने-लिखने में, संस्कार में एवं अन्य कलाओं में उत्तम, अव्वल एवं निपुण रहे ओर बच्चा बड़ा होकर मेरा व बुजुर्गों का सम्मान करें, देखभाल करे एक अच्छा आदर्श नागरिक बनकर घर परिवार, समाज व देश की सेवा करें।

देश का नागरिक होना ही गौरव की बात है, नागरिक हमेशा अच्छे चरित्र वाले आदर्श युवक ही होते है। जो गलत राहों पर जाते है, उन्हें असामाजिक तत्व, गुण्डे, डकैत, लुटेरे आदि कहा जाता है, जो हमेशा कानून तोड़ते है। उत्तम एवं अच्छे नागरिक हमेशा देश के संविधान, कानून नियमों का सम्मान करते है, और वह देश की संस्कृति का रखवाला होता है।

हमें बच्चे को अच्छा, उत्तम नागरिक बनाना है। इसके लिये प्राथमिक अनिवार्यता माता-पिता जी के सहयोग, कुशल

संत है तो, संस्कार है, और संस्कृति है तो भारत की शान है।

संरक्षण, उनके अथक परिश्रम एवं सकारात्मक सोच की सख्त आवश्यकता है। माता पिता जी को हमेशा बच्चे पर कड़ी नगर रखनी चाहिये और बच्चे को पता भी नहीं चले।

जैसे सेना व पुलिस में सिखाया जाता है, कि चोरी निगाह या नजर से दाएं बाएं देखते रहो, सचेत होकर और आगे बढ़ते जाओ। वैसे भी कहा जाता है कि तीन प्रसंगों से नजर हटी और दुर्घटना घटी-दूध, जमीन एवं बच्चा। यानी दूध से नजर हटी और वह उफन गया, जमीन से नजर हटी और किसी ने कब्जा किया, बच्चे से नजर हटी और वह गिरा।

जब बच्चा कोई खराब बात, कार्य या गंदी हरकत करें या वार्तालाप करें तो उसे उसी समय पहली बार में ही प्यार से समझाकर रोक लगाना चाहिये। एक बार एक चोर पकड़ा गया और जज के सामने प्रस्तुत किया। जब साहब ने उस चोर से पूछा कि तुम्हें कुछ कहना है उस चोर ने जज साहब से कहा कि मैं अपनी मां से बात करना चाहता हूँ। जब मां आई तो चोर ने मां के कान को काटा। जब साहिब ने पूछा ऐसा क्यों किया? चोर ने कहा कि जब मैंने पहली बार चोरी किया था तो माता जी मना कर देती या समझा देती और चोरी करने से रोकती तो मैं आज इतना बड़ा चोर नहीं बनता।

माता-पिता जी की भूमिका एक अच्छे आर्कीटेक्ट इंजीनियर की होना चाहिये जैसे हम अच्छे मकान में या बिल्डिंग में जाएं तो उसके मालिक से पूछते है कि इसका आर्कीटेक्ट

कौन है? बहुत अच्छा मकान बनाया है। इसी तरह एक अच्छे संस्कारिक बच्चे को देखकर लोग पूछते है कि किसका बच्चा है? इस बच्चे के माता पिता जी अवश्य अच्छे आदर्श व संस्कारिक होंगे। यह किस देश का नागरिक है? यह देश अवश्य अच्छा होगा।

पूज्य गुरुदेव या शिक्षक हमेशा अच्छे होते है। वे अपना सम्पूर्ण ज्ञान एवं जीवन की तपस्या को निचोड़कर बच्चों को शिक्षित करने में व्यतीत कर देते है। बच्चे को संस्कारिक बनाने में कोई कसर नहीं छोड़ते है। किन्तु विडम्बना यह है कि मोबाइल फेसबुक, इन्टरनेट चेटिंग व बाइक के दुरुपयोग ने बच्चों को, उनकी शिक्षा एवं उनके जीवन को बिगाड़ रहा है। स्कूल में बच्चों का न जाना, होमवर्क न करना या बच्चों की गलत हरकतों को शिक्षक या स्कूल टोकता है या शिकायत करता है। तो प्रायः बच्चे ही शिक्षक से गलत व्यवहार करते है और रही-सही कसर माता-पिता जी स्कूल आकर शिक्षक से लड़ते है कि आप कौन होते है, बच्चों को डाटने वाले।

बस यही 'सह' 'सपोर्ट' बच्चे को बिगाड़ने में पर्याप्त है। स्कूल में मोबाइल का उपयोग प्रायः प्रतिबंधित रहता है। फिर भी बच्चे मोबाइल लेकर स्कूल जाते है और इसका उपयोग बाथरूम में या एकांत में जाकर करते है। वहां सी.सी.टी.वी. कैमरा भी नहीं लगाया जा सकता है। आज यह स्थिति हो रही है कि कई बच्चे स्कूल की किताब में मोबाइल की जगह काटकर उसमें ले जाते है।

> दुनिया में हर चीज मिलती है। केवल अपनी गलती
> नहीं मिलती।

चर्चा लंबी है, किन्तु इसका हल कैसे हो? आज प्रत्येक व्यक्ति दो लोगों से डरता है - पहला भगवान या पाप से एवं दूसरा कानून या पुलिस से। इसमें स्कूल को कानून व पुलिस का सहारा लेना चाहिये। यदि कोई बच्चा गलत हरकत करता है तो पहली बार बच्चे एवं उसके माता-पिता जी को प्रेम से समझाना चाहिये। दूसरी बार पुलिस की सीक्रेट सेल को यह मामला भेज देना चाहिये, ताकि पुलिस की सक्षम टीम उनको समझाइश दे सके एवं इसमें स्कूल की कोई भूमिका नहीं होना चाहिये। इस कार्य में पुलिस एक बहुत अच्छी भूमिका निभा सकती है और मानव अधिकार आयोग को अपना हस्तक्षेप न करके सकारात्मक सहयोग देना चाहिये।

प्रत्येक स्कूल में शिक्षा सत्र शुरू होने पर पेरेन्ट्स, बच्चों एवं स्कूल की सामूहिक मीटिंग होनी चाहिये एवं स्पष्ट रूप से पेरेन्ट्स को उनके उत्तरदायित्व को निभाने की प्रेरणा देनी चाहिये। शिक्षा विभाग भी सकारात्मक सहयोग दे सकता है। ताकि शिक्षक गण बिना भय के जिम्मेदारी से पढ़ा सके। यदि देश के निर्माता शिक्षक गण ही भय डर से पढ़ायेगें, तो शिक्षा का स्तर कैसा होगा? फिर हमारे बच्चों के भविष्य का निर्माण कैसा होगा? यह विचारपूर्वक सोचे, चिंतन करें। प्रत्येक माता-पिता जी के पास बच्चा ज्यादा समय रहता है, स्कूल में कम। माता-पिता को बच्चों की अच्छी तरह से देखभाल एवं परवरिश करना चाहिये। सुचरित्र व आदर्श बच्चे ही हमारी समाज की देश की अमूल्य पूंजी है, धरोहर है। यदि माता-पिता बच्चे को

> कड़क शब्दों में हल्की बात कहने के बजाय, नरम शब्दों में ठोस बात कहें।

पर्याप्त समय देंगे, तभी बच्चे माता पिता जी को वृद्धावस्था में समय देंगे एवं सेवा-सहयोग करेंगे। अन्यथा प्रतिदिन पेपर से पढ़ते है एवं अगल-बगल सुनते हैं देखते है सोचे एवं चिंतन करें।

निष्कर्ष:- माता-पिता जी से विनम्र निवेदन है प्रार्थना है कि बच्चों को पर्याप्त समय देकर उन्हें गंदी व नकारात्मक हरकतों एवं असमय या कच्ची उम्र में अन्य भौतिक अनावश्यक साधन/सुविधाएं देने से बचाएं। बच्चों को अपने परिवार का एक अच्छा आदर्श चारित्रिक बच्चा बनाएं, उन्हें समाज का जिम्मेदार सदस्य बनाएं एवं देश का एक अच्छा नागरिक बनाएं। परिवार, समाज एवं देश आज माता-पिता जी से केवल यही मांगता है। क्या आदरणीय माता- पिता जी यह मांग पूरी करेंगे?

विदेश एवं हमारी मानसिकता

अपवाद सभी जगह होते है, हो सकता है कि मैं कुछ प्रतिशत गलत हूं। किन्तु 17 फरवरी 2015 से 23.02.2015 तक मेरी मॉरिशस यात्रा अत्यंत सुखदायी एवं प्रेरणादायी व शिक्षाप्रद रही। सुखदायी इसलिये नहीं कि वहां मुझे आराम था या आराम से घूमने का मौका मिला। बल्कि इसलिये कि वहां की जनता की मानसिकता, व्यवहार, ईमानदारी, समय की

पाबंदी, शिक्षा व स्वास्थ्य की निशुल्क व अनिवार्य, देश के कानून व नियमों के प्रति सच्ची श्रद्धा थी।

आदरणीय - प्रधानमंत्री श्री नरेन्द्र मोदी जी मार्च 2015 में मॉरिशस गये थे। समय कम होने एवं वी.आई.पी. प्रोटोकॉल के कारण उन्हें यह सब कम देखने को मिला होगा। हम जब नागपुर हवाई अड्डा गये तो वह बेहद गंदा था एवं आस पास भी काफी गंदा था। वहां से जब बैंगलोर हवाई अड्डा पहुंचे तो वह कुछ साफ था एवं सिस्टेमेटिक था। लेकिन हम जब मॉरिशस हवाई अड्डे पर उतरे तो वह बिल्कुल साफ, सिस्टेमेटिक, सभी लोग अपने कार्य में कार्यरत, टूरिस्ट गाइड अपने सामने लेने के लिये खड़ा था। हमें नियत होटल में छोड़कर अगले दिन का प्रोग्राम दिया। वे सुबह 8:30 का समय देते थे एवं 8:35 तक इंतजार करने के बाद छोड़कर आगे बढ़ जाते। जो छूट जाते वे टैक्सी से पकड़ते थे, समय की पाबंदी बेहद थी। कुछ प्रोग्राम पैकेज मैंने नहीं किये। उन्होंने तुरंत बिना बहस के पैसे वापस कर दिये स्वयं। यह उनकी ईमानदारी थी, कोई भी बैरा होटल में पैसा या टिप नहीं मांगता था। प्रत्येक मिलने वाला मुस्कराकर अभिवादन करता, चाहे आपको जानता हो या नहीं। चाहे आपसे काम हो या नहीं।

मैंने सात दिन वहां गाड़ी के हार्न नहीं सुने। जबकि सभी गाड़ियाँ बहुत बड़ी, अच्छी थीं व तेज चलती थी। प्रत्येक गाड़ी हर चौराहे पर रुकती, देखते, अगले को निकल जाने देते, फिर खुद जाते, ओवरटेक की गुंजाइश कम रहती थी

जिसने गर्व किया- उसका पतन अवश्य हुआ।

और ओवरटेक करते समय भी हार्न नहीं बजाते थे। (शायद हार्न बजाने से उनके ड्रायविंग लाइसेंस प्वाइंट कम हो जाते है, जो भी हो)। किसी भी चौराहा या सड़क आदि पर हमें कोई पुलिस या ट्रैफिक पुलिस नहीं दिखी। मैं एक थाने में गया तो मैंने पुलिस से पूछा इसका कारण? तो उसने बताया हम लोगों को लड़ने का समय नहीं है, यहां कोई गुंडागर्दी या मारपीट नहीं होती। हम लोगों के पास समय नहीं इन सभी कार्यों के लिये।

18 फरवरी 2015 को शिव जी का बहुत धूमधाम से त्योहार मनाया जा रहा था। मैं भी एक बड़े मंदिर में गया कोई कार्यकर्ता/वालेंटियर नहीं था। सभी शांत भाव से एवं लाइन से अभिषेक पूजा कर रहे थे, वहां ज्यादातर हिंदू है, उनके नाम हम लोगों के जैसे हिंदू नाम है- जैसे, विक्रम, अदिति, अनुपम आदि। आखिर उनके पूर्वज भारत से ही गये है। मॉरिशस हमारे भारत के काफी बाद याने 20 वर्ष बाद अंग्रेजों से स्वतंत्र हुआ। लेकिन ज्यादातर क्षेत्रों में हमसे वह बेहतर है। जैसे साफ-सफाई, नियम-कायदे, अनुशासन, समय की पाबंदी आदि। वहां शिक्षा एवं चिकित्सा निशुल्क है एवं शिक्षा शुरुआती वर्षों में अनिवार्य है। शायद उच्च शिक्षा एवं विदेशी बच्चों को फीस लगती है। यह एक अच्छा टूरिस्ट प्लेस है। वहां की मुख्य आय स्त्रोत गन्ना की खेती एवं टूरिज्म है। किंतु कहीं भी गन्ने का ठेला, चाय, पकौड़ा आदि सड़क में नहीं मिलेगा, वहां के

नियमानुसार दूर-दूर होटल एवं रेस्टोरेंट बने है। कुछ लोग यह भी कह सकते है कि चूंकि उनकी टूरिज्म से मुख्य आय है इसलिये उनकी गरज है कि टूरिस्ट लोगों के साथ अच्छा व्यवहार करें। किंतु यह सब गुण, शालीन व्यवहार, नियम कायदों का पालन, समय की पाबंदी, अनुशासन आदि केवल क्षणिक या वैकल्पिक या अवसर देखकर नहीं होती है। इसके लिये व्यक्ति को उन सभी आदर्शों को अपने जीवन, दैनिक दिनचर्या एवं चरित्र में संस्कारिक करना व उतारना पड़ता है।

प्रत्येक व्यक्ति वहां लगभग पढ़ा लिखा होता है और मोरिसियन, अंग्रेजी, हिन्दी आदि अच्छे से जानता व बोलता है इसके अलावा विदेशी भाषा फ्रेंच आदि भी जानता है। यह भी विरोध में कहा जा सकता है, कि मॉरिशस एक छोटा देश है, जनसंख्या कम है। लेकिन यह सब बहाने है, अपने अवगुण छिपाने का एक फालतू का तर्क है। यह तर्क तो ऐसा है कि जैसे- पहले लोगों के 8-10 बच्चे होते थे, बिगड़ते थे तो कहते थे, कैसे सँभाले इतने बच्चों को? तो क्या आज माता पिता जी संभाल पाते है? जबकि आज एक या दो बच्चे ही होते है।

निष्कर्ष:- हमें घर एवं स्कूल से ही शिक्षा या संस्कार ऐसे दिये जाए कि हम आदर्श नागरिक बने एवं देश से अपनत्व बनाकर प्रत्येक नियमों का पालन करना चाहिये और सकारात्मक सोच के साथ देश की सेवा करते हुए अपने देश

> गलती उसी इंसान से होती है जो काम करता है। काम न करने वाले सिर्फ गलती ढूंढते है॥

को आगे बढ़ाने का चिंतन व प्रयास करना चाहिये। कोई क्या कर रहा है? या गलत कार्य कर रहा है हमें उससे सुरक्षित दूरी बनाकर उसकी गलत हरकतों पर बिल्कुल भी ध्यान नहीं देना चाहिये। हमें अपने देश के महान संत, विद्वान आदि से प्रेरणा लेकर अपने को उत्तम नागरिक बनाकर देश की ख्याति प्रसिद्धि को बढ़ाना चाहिये।

अध्याय-17

चला चली का दौर, फिर क्यों चूं चूं बोल

यह बड़ा मार्मिक एवं सत्य शीर्षक है कि जैसे-जैसे हमारी उम्र बढ़ती जाती है या 60 वर्ष के ऊपर बढ़ते जाते है तो हर विषय पर घर में या बाहर जरूरत से ज्यादा अनावश्यक दखल देकर अपनी छवि कम या धूमिल कर लेते है।

यह कहावत या स्लोगन नहीं है, वरन एक सत्य चर्चा कि- 'कम बोलेंगे तो चिंतन करेंगे, ज्यादा बोलेंगे तो चिंता करेंगे।'

यह दृश्य हमें दिन प्रतिदिन, प्रत्येक जगह, स्थान, घर, ऑफिस, दुकान आदि जगह व प्रत्येक व्यक्ति में स्पष्ट देखने को मिलता है। सत्य तो यह है कि हम खुद भी ऐसा महसूस करते है, लेकिन जानते हुए भी मानते नहीं।

हर स्थिति में, हर चर्चा में, बात में हम अपनी सलाह, नुक्ताचीनी, समझाइश देते रहते है- चाहे जरूरत हो या नहीं। किंतु बोलना अति आवश्यक समझ लेते है। जबकि 80% प्रतिशत चर्चा में हमारा मौन रहना ही अतिआवश्यक रहता है। ताकि चर्चा में वहम, शंका न हो और मुख्य विषय से फिसल न जाये। किन्तु हम होशियार है कि नहीं। यह तो प्रभु जानता है। किंतु हम स्वयं को सर्वश्रेष्ठ बुद्धिमान, होशियार, हर विषय के ज्ञाता मानते है।

यह विषय या लेख हमें क्यों ख्याल आया? यह भी एक सुखद संयोग है। हमने एक परोपकार का कार्य शुरू किया। जिसमें कई कार्य होते है और यह कार्य नेताओं व अफसरों से बहुत दूरी या परहेज रखता है। शुरू में हम बहुत परेशान रहे सलाह से। फिर हमने एक पोस्टर लिखा व वहां टांगा -

'सलाह कम, सहयोग ज्यादा,

बात कम, काम ज्यादा,

प्रयोग करें, लाभ होगा।'

अब हम अनावश्यक सलाह से छुटकारा पा चुके है। यह विषय सभी व्यक्ति के लिये है जो किसी भी उम्र के हो, लेकिन विशेषकर फुर्सत व्यक्ति या सेवा-निवृत्त व्यक्ति या 60 वर्ष के ऊपर वाले व्यक्ति के लिये अति लाभकारी है।

क्योंकि हम एक दोस्त के पास पिता जी के बैठे थे, जो केन्द्र सेवा में एक बड़े अफसर थे, उन्होंने अपनी सर्विस व अपने

सत्य है, आपका स्वभाव ही आपका भविष्य है।

कार्यों को बताया। दो दिन बाद पुनः हम उनके पास गये तो उन्होंने पुनः वही चर्चा किया। दोस्त को अटपटा लगा और बोला परसों यही आपने बताया था। हमने दोस्त को शांत करते हुए दोस्त के पिता जी की बात को ध्यान से सुना। बैठक के बाद मैंने दोस्त को बताया कि हम बचपन में पैसे चिल्लर को गुल्लक में रखते थे। जब चिल्लर या सिक्के कम रहते थे और गुल्लक हिलाओ तो सिक्के आवाज करते थे। किंतु जब गुल्लक सिक्के से भर जाता था तो गुल्लक हिलाने पर आवाज नहीं करती है। वही दशा एक फुर्सत/रिटायर्ड व्यक्ति एवं व्यस्त व्यक्ति की है।

व्यस्त व्यक्ति भरे गुल्लक के सामान है, क्योंकि उसके पास काम बहुत है, संपर्क बहुत है। जबकि बुजुर्ग/रिटायर्ड/फुर्सत व्यक्ति खाली गुल्लक के सामान है, जिसके पास, काम, विषय, संपर्क कम रहते है और एक ही बात को कई बार दोहराते है।

हम एक दोस्त के साथ कार में जा रहे थे, दोस्त बार-बार बच्चे को टोक रहा था कि ऐसे चलाओ या वैसे। हमें भी ठीक नहीं लग रहा था दोस्त का बार-बार बोलना। लेकिन मेरा बोलना उचित नहीं था। बच्चा भी 30 वर्ष का था। थोड़ी देर बाद बच्चा बोला 'पापा आप चिंता न करें, आराम से बैठें'।

बच्चों को बार-बार, असमय टोका-टाकी करने से बुजुर्गों का महत्व कम होता है। इसे बुजुर्गों को समझना चाहिये। नहीं

विवेक का आश्रय छोड़ना सबसे बड़ी भूल है।

तो अपना महत्व कम करने के साथ-साथ घर में सुख शांति की जगह कलह, अशांति जैसा कारागार हो जायेगा।

एक सीनियर रिटायर्ड डाक्टर अपने जूनियर डाक्टर के साथ पिक्चर देखने गये। जूनियर डाक्टर का फोन बीच में आया तो जूनियर डाक्टर थोड़ा नाराज हुआ कि पिक्चर भी नहीं देखने देते है। तब सीनियर डाक्टर ने समझाया कि ऐसे गुस्सा नहीं होते। जब हम तुम्हारी उम्र के थे जो बहुत फोन आते थे। किंतु रिटायर्ड होने के बाद हम फुर्सत है तो तरसते है कि किसी का फोन आ जाये।

वैसे यह तथ्य है कि जो बच्चे व्यस्त रहते है, उनके दिमाग में एक लहर (लेयर) चलती है कि अब यह काम करना है, उसके बाद यह काम। दिन के कार्य की रूप रेखा बनी रहती है और यदि उस बीच में कोई अनावश्यक बात कर दे, तो उनको थोड़ी परेशानी होती है और ज्यादा खलल पड़ने पर वे गुस्सा भी हो जाते है। बुजुर्गों को ऐसी स्थिति से बचना चाहिये।

बुजुर्ग कहते हैं कि घर में मुझसे कोई पूछता नहीं है, मेरे को कुछ बताता नहीं है, किंतु मेरे मत से, यह सोच उचित नहीं प्रतीत होती है। मैं हमेशा घर के सदस्यों को सलाह देता हूँ कि घर के बड़े बुजुर्गों को सभी बातें छानकर बतानी चाहिये, साफ सुथरी। ताकि वे चिंता न करें और स्वस्थ रहे।

यह निश्चित है कि बच्चे हमेशा हमसे और हमारी चर्या से सीखते है। हमारे अनुभव उनको मिलना चाहिये ताकि वे उसका लाभ लेकर अपना जीवन सुलभ, उत्तम बनाकर स्वयं

रिश्ते दिल से हों, खून के रिश्ते तो वृद्धाश्रम में भी हैं।

चरित्रवान एवं दूसरों के प्रेरणादायक बने। यह अनुभव एवं हमारे अच्छे संस्कार बच्चों व नई पीढ़ी को तभी हस्तांतरित होंगे, जब हम अपनी चर्या, व्यवहार ऐसा बनाएं कि बच्चे उसे देखकर सीखें। हमें न बोलना पड़े तो उत्तम होगा। हमें चार बातों पर ध्यान देना है -

1. कम बोलें, बिना मांगे सलाह न दें, मौन व्रत ज्यादा रखें।

2. सक्रिय बने रहने के लिये हल्के-फुल्के कार्य करते रहें।

3. टीवी एवं रिमोट से दूरी बनाकर रखें।

4. किताबों को अपना सबसे अच्छा दोस्त, साथी बना लें।

निष्कर्ष:- उम्र के आखिरी पड़ाव में ज्यादा चूं- चूं करने से अपनी जीवन-जीवन यात्रा गाड़ी गड़बड़ाने लगती है और मानसिक एवं शारीरिक क्षति तो होती ही है व स्वयं को और ज्यादा अकेलेपन के अंधकार में पायेंगे। अतः इन सबसे बचने के चार सूत्रों का पालन करें, जो ऊपर बताये हैं। जीवन स्वर्गमय हो जायेगा।

अध्याय-18

'माँ' एवं जीवन

प्रत्येक जीव का सम्पूर्ण जीवन 'म' शब्द पर आधारित रहता है। लेकिन मनुष्य में सोचने की शक्ति प्रभु ने दी है, जिससे इसका जीवन अन्य जीव से अलग रहता है और यह म शब्द पूरी तरह से हमारे संपूर्ण जीवन का स्तंभ है। हमारे जीवन की शुरूआत 'जन्म', 'कर्म' व अंत 'मरण' तीनों शब्दों पर आधारित है। 'जन्म' व 'कर्म' में 'म' बाद में आता है जो एवं निश्चित क्रिया है कि जन्म होगा, कर्म व्यक्ति करेगा, चाहे वे अच्छे हों या नहीं। लेकिन 'मरण' में 'म' शब्द सबसे पहले आया है। जो अनिश्चित है कि व्यक्ति का 'मरण'

कब हो जाये। यह बागडोर प्रभु ने अपने हाथ में रखी है। व्यक्ति का जन्म हुआ, इसके बाद वह कर्म करता है व वे कर्म उसके जीवन में उसी रूप में फल देते हैं जैसे आइना के सामने हम खड़े होंगे तो वैसे ही दिखेंगे। इसमें अंतर कुछ नहीं होता। हम यदि मान भी लें कि अगला जन्म किसने देखा एवं इस जन्म के कर्म का क्या प्रभाव अगले जन्म पर पड़ेगा या नहीं।

लेकिन यह निश्चित है एवं सत्य है कि इस जीवन के कर्म हम अच्छे या बुरे करेंगे, हमारे जीवन में परिलक्षित होगें एवं उसे भोगने तो अवश्य पड़ेंगे। हमारे कर्म व उसके स्वाद में वैसा ही अंतर है कि हम मिर्ची खाएं एवं सोचें कि मीठे का स्वाद आ जाए। यह कतई संभव नहीं है। अभी हमने यह सत्य घटना देखी कि एक व्यक्ति ने किसी दूसरे व्यक्ति के लिये कुछ गलत विचार व्यक्त किया एवं प्रभु ने देरी नहीं की एवं वैसी घटना उस पहले वाले व्यक्ति के साथ घटित हो गई है। लेकिन हम यह समझते नहीं हैं। कर्म जो हम समय के अनुसार करें, निश्चित रूप से अच्छे होने चाहिये, दूसरों को सुख देने वाले, परोपकारी पूर्ण होने चाहिये। इससे स्वयं को आत्मिक सुख व संतोष मिलता है एवं उसका फल भी अच्छा लगता है। कोई व्यक्ति मरना नहीं चाहता है एवं उसका भ्रम रहता है कि वह अनंत जीवन काल तक रहेगा। इसी भ्रम में वह पूर्ण जीवन भौतिक सुख सुविधाओं व बुढ़ापे की रक्षा के लिये लगा देता है। लेकिन जो आया है उसे जाना

तो पड़ेगा। हम होटल में चार दिन के लिये रूम बुक करके रहते हैं तो चार दिन बाद हमें होटल छोड़ना पड़ता है। हमारा जीवन एक यात्री के समान है। रेल्वे स्टेशन में एनाउंस होता है कि आपकी यात्रा मंगलमयी हो, हमारे परम पिता परमेश्वर भी यही चाहते हैं कि हमारी जीवन यात्रा मंगलमयी तो बिना कष्ट के हो।

लेकिन हमने ट्रेन में पहले से सीट का रिजर्वेशन करा लिया हो तो यात्रा अच्छी रहेगी। यदि नहीं कराया है तो अवश्य परेशानी होगी। इसी तरह हमें अच्छे कर्म करके अपनी जीवन यात्रा के मंगलमयी होने का रिजर्वेशन करा लेना चाहिये।

हमारी आँखें सामने रहती हैं हमें सामने का दिखाई देता है अपने पीछे की 'चांद' या चुटिया नहीं दिखाई देती है, लेकिन प्रभु उसके पीछे ही चल रहें हैं, जैसा कर्म आप करोगे वैसा फल वह देता जायेगा। संत कबीर दास जी ने इसे स्पष्ट शब्दों में कहा है कि:

हम जन्मे जग हंसा हम रोये,

कहें कबीरा ऐसी करनी कर चलो,

हम मरे, दुनिया रोए, हम हसें।

स्पष्ट रूप से हमारे जीवन में नजर आता है कि हमारा जन्म होते ही हम रोते है, समाज प्रसन्न होता है पार्टी होती है। बीच में कर्म है, अच्छे कर्म हो तो समाज दुखी होता है व हम हंसते हुए विदा लेते हैं।

भाग्य उनका भी होता है, जिनके हाथ नहीं होते है।

संत कबीर दास जी ने भी हमारे जीवन को तीन भागो में जन्म 'कर्म' व 'मरण' में विभक्त किया है। इसे ही कहते है कि खाली हाथ आया था, खाली लेकर जाना है यात्री। क्यों भ्रम में पड़ा है कि इस यात्रा में मेरे इकट्ठा धन संपदा भी मेरे साथ जायेगी।

निष्कर्ष:- 'मन', 'वचन', 'कर्म' से किसी को कष्ट न पहुंचे एवं कर्म अच्छे हों तो निश्चित रूप से हम अपने जीवन को सफल व सार्थक बना सकेंगे।

अध्याय-19

शिक्षा दान - महा दान

मनुष्य प्राचीन काल से यही सत्य कथन है कि मनुष्य व पशु में कोई अंतर नहीं है। लेकिन मनुष्य के पास विचार शक्ति है, उससे उसकी अलग पहचान हो गई है। पशु के पास इसका अभाव है। यह प्रभु की एक बहुत बड़ी देन मानव को है। विचार एवं इसका विकास केवल शिक्षा से ही होता है। शिक्षा ही मनुष्य को मानवीयता सिखाती है, उसके एक सभ्य समाज बनता है और उससे एक उन्नत राष्ट्र बनता है। शिक्षा का महत्व इसी से पता लगता है कि धन तो पिता से बिना श्रम के पुश्तैनी रूप से प्राप्त होता है लेकिन शिक्षा बिना प्रयत्न के पिता या किसी से भी प्राप्त नहीं की जा

सकती है। इसलिये कहा जाता है कि एक अच्छा पिता वह होता है जो वसीयत के रूप में अच्छा साहित्य व शिक्षित बच्चे छोड़ जाता है। इसलिये शिक्षा में मग्न होने को उसकी तुलना समाधि, उपासना व पूजा से किया गया है। धन से बड़ा ज्ञान है, क्योंकि धन की रखवाली हम करते हैं और ज्ञान हमारी रखवाली करता है।

शासन ने भी इस वर्ष 'स्कूल चलो' अभियान छेड़कर घर-घर सर्वेक्षण करके बच्चों को स्कूल जाने के लिये प्रेरित किया है। लेकिन बड़ी चिंता का विषय है कि अभी भी तीनों भाग माता, पिता, गुरुजन एवं शासन पूरी ईमानदारी व नैतिक रूप जिम्मेदारी नहीं निभा रहे हैं। इसमें बच्चों का दोष बिल्कुल नहीं हैं। हम जैसा चाहेंगे बच्चे को बना सकते हैं इसके लिये शुरू से उसकी शिक्षा के प्रति रुचि, उसको स्वस्थ वातावरण एवं सही दिशा देने की सख्त जरूरत है। लेकिन हम क्या करें यह T.V. घर लाकर स्वयं एवं बच्चों को उसमें व्यस्त कर दिया है एवं शिक्षा व संस्कार पूरी तरह से ध्वस्त होते नजर आ रहे है। और यह T.V. जैसी बीमारी हमें पता चलती है बुढ़ापे में। जब बच्चे बुजुर्गों का अपमान, एकल परिवार पर जोर देते है।

आज माता पिता को बड़ा योगदान देने की जरूरत है कि वे बच्चों को अच्छी शिक्षा की ओर प्रेरित करें ताकि वे एक अच्छे इंसान बन सके, केवल कमाऊ पूत नहीं। जो लोग साधन संपन्न है वे जो लोग सरकारी या गैर सरकारी सेवा से निवृत्त हो चुके है उनका दायित्व है कि वे गरीब बच्चों

उत्तम ज्ञान और सद विचार कभी नष्ट नहीं होते।

को स्वयं पढ़ाएं या उनकी पढ़ाई के लिये स्कूल व पाठ्य सामग्री उपलब्ध कराए। तो उन बच्चों का भविष्य सुधरेगा और आपको एक आत्मिक आनन्द प्राप्त होगा। बुजुर्गों को निशुल्क शिक्षा बच्चों को देना चाहिये तो उनका समय भी व्यतीत हो जायेगा और एकाकी पन के खतरे से बच जायेंगे। हम एक बच्चे को अच्छी शिक्षा देकर समाज को एक असामाजिक गुंडा देने से बचा सकते हैं। हम शिक्षित हैं लेकिन शिक्षा की उपयोगिता तभी है जब उसका लाभ अधिक से अधिक लोगों को मिले। प्रत्येक शिक्षित व्यक्ति को यह जिम्मेदारी लेना होगी कि वह एक गरीब बच्चे को शिक्षा प्रदान करें। एक बच्चे को शिक्षित करना याने उसकी पूरी पीढ़ी शिक्षित व सभ्य बनाने का कार्य हमने किया।

ज्ञान उसी का सफल है जो दूसरों को ज्ञानवान बनाने के काम आए।
बुरा साहित्य व पुस्तकें मनुष्य के घोर शत्रु है।

अध्याय-20

मां, अमृत पिलाया। विष से रोके

इस धरती पर ऐसी कोई माँ नहीं होगी जो अपने बच्चों का अहित चाहे। बच्चे का जन्म होते ही माँ की ममता उमड़ पड़ती है और मां अपने बच्चे को ममता भरा आहार दूध के रूप में पिलाती है, जो अत्यंत पौष्टिक व लाभ दायक होता है जो वैज्ञानिक व चिकित्सक भी अपने प्रयोग में साबित कर चुके हैं। बचपन इस ममता के दूध में निकलता है। फिर मोह का समय शुरू होता है जो माँ का बच्चे के प्रति होता है और यह हर अच्छी व बुरी आदतों का जन्म बच्चे में कर देती है। एक घटना मैंने कहीं पढ़ी थी कि किसी अदालत में एक

अपराधी लाया गया। उस पर चोरी का इल्जाम था, अदालत के सामने उसने दोष कबूल किया और उसे सजा हुई, लेकिन उसने अदालत से कुछ बात अपनी मां से करने की अनुमति मांगी। उसे अनुमति दी गई। वह मां के कान में कुछ कहने गया और मां का कान काट लिया। जज ने कारण पूछा तो चोर ने बताया कि मां ने ही प्रथम चोरी में मुझे मना किया होता तो आज मैं बड़ा चोर बनकर जेल में अपराध की सजा न काटता। यदि प्रथम चोरी में ही माँ मुझे रोक देती तो मेरे जीवन का प्रवाह दूसरी और सकारात्मक होता। किन्तु आज इस मोह का प्रतिशत समाज में बढ़ता जा रहा है। बच्चे की हर खुशी हम पैसे से पूरी कर रहे है क्योंकि हम उसे समय नहीं दे पा रहे है और प्रतिदिन पेपर में पढ़ने को मिलता है कि चोरी डकैती आदि में इजीनियर, वकील, डॉक्टर व पढ़े लिखे वर्ग के लोग पकड़े गये। बच्चों को हाथ में पैसा उनकी इच्छानुसार देकर उन्हें गलत आदतों का शिकार बना रहे है उन्हें तम्बाकू गुटका सिगरेट मदिरा आदि सेवन करने की राह में अग्रसर बना रहे है यह मोह तब कष्ट दायक हो जाता है जब मां का जीवन उतार पर हो व बच्चा पैसे की मांग करता है अपनी गलत आदतों को पूरा करने के लिये। इसलिये कहते है कि हे मां तू तो प्रेरणा स्रोत है तुझ में वो शक्ति है जो बहती गंगा की धारा मोड़ दे। तो जिस बच्चे को अपनी ममता से अमृत रूपी दूध पिलाया, उसे मोह में बांधकर जहर न दे। यह दुर्व्यसन रूपी जहर कभी-कभी मां के सामने ही बच्चे का अंतिम दिन देखने को मिलता है अन्यथा अपने स्वयं के परिवार एवं समाज के लिये बोझिल

चंदन स्वयं घिसकर सुगंध देता है - जैसे भले मनुष्य।

है जो दुर्व्यसन न करने वालों के लिये अधिक कष्टकारक व स्वास्थ्य के लिये हानिकारक है ये व्यक्ति अपने परिवार व समाज के अपराधी है जो हमारी भारतीय संस्कृति को तो चौपट कर ही रहे है और आगे आने वाली पीढ़ी को गलत संदेश देकर अपंग कर रहे है।

इसलिये मेरी प्रत्येक माता पिता से करबद्ध विनती है कि कुछ कड़े कदम उठाने पड़े तो उठाएं लेकिन जिस बच्चे को अमृत व ममता देकर जन्म दिया उसे जहर देकर न मारे। मेरा यह लेख पढ़कर कोई माँ दुखी न हो और हमें क्षमा करें किंतु यह निश्चित है कि यह लेख पढ़ने वाला प्रत्येक पाठक अपने इर्दगिर्द ऐसा वातावरण या समस्या को अवश्य पायेगा।

> गुनाह छिपा नहीं रहता, वह मनुष्य के मुंह पर लिखा रहता है।

अध्याय-21

"लक्ष्मी आएं, न जाए संस्कार"

दीपावली का पावन त्यौहार आ रहा है। प्रत्येक घर, प्रत्येक बच्चा, बुजुर्ग एवं जन-जन इस त्यौहार की तैयारी दशहरा के तुरंत बाद अपने अपने ढंग- तरीके से शुरू कर देते है। घर का रंग. रोगन, साफ- सफाई। ताकि हमारे साफ घर में लक्ष्मी जी अवश्य आएं एवं विराजे। कहावत भी है कि स्वच्छ घर में लक्ष्मी व गंदे जगह पर दरिद्रता का वास रहता है। लेकिन हमने बाहरी सफाई तो कर दी। क्या हमने अपने अंदर की, मन की, चरित्र की, संस्कार की सफाई पर ध्यान दिया। दशहरे में मैदान में रावण-वध करके घर लौटे, लेकिन अपने अंतः करण के रावण जैसी इच्छाओं व कामनाओं का

वध किया। उत्तर स्वयं पायेंगे। हमने लक्ष्मी जी के जरिये वैभव को आमंत्रण तो दिया, लेकिन संस्कार व चरित्र को विदाई दे रहे है। हमें एवं हमारे सभ्य समाज को यह कौन सा रोग होता जा रहा है। माता पिता का दायित्व बच्चों को अच्छे संस्कार देने का विलुप्त होता जा रहा है। इसलिये घर के सदस्यों में आपसी प्रेम- व्यवहार खत्म सा हो रहा है। बच्चों पर से माता पिता का अंकुश खत्म हो रहा है। यदि बच्चे गलत राह पर जा रहे है तो माता पिता उन्हें रोकने की सोचते नहीं, या हिम्मत नहीं जुटा पाते, या वे बच्चों का हिदायत देते है तो बच्चे मानते नहीं। आज माता पिता बड़े गर्व से बच्चों की तारीफ करते है जब वे' हाई-सोसाइटी' में जाते है। एवं नाममात्र के कपड़े होते हे एवं वे भी पारदर्शी। हम लक्ष्मी जी को बुलाते है, कि हम धनवान बने, दूसरी तरफ हम कपड़े के मामले में निर्धन होते जा रहे है। लक्ष्मी जी कृपा करती है, वैभव आता है, लेकिन उसका दुरुपयोग हो रहा है। अभी दशहरा समाप्त हुआ। जगह-जगह 'गरबा' नृत्य का उत्सव मनाया गया। उत्सव अच्छा है लेकिन इसने अपने विकृत रूप लेकर अपने दुष्परिणाम समाज को देने शुरू कर दिये है। बड़े-बड़े पंडाल लगाये गये, सड़कें जाम हो गई। लड़के व लड़कियों ने बड़े उत्साह से इसमें भाग लिया। लेकिन पाश्चात्य संस्कृति का इसमें समावेश करके इसके रूप को विकृत कर दिया और जहां धार्मिक उत्सव पर खलल पड़ता जा रहा है। कई लोग 15 मिनट बाद वापस आए कि वहां बैठना और देखने में शर्म आती है। यह समझने की

> ईश्वर अपनी पूजा होने से खुश नहीं होता, बल्कि उसके भक्तों-मानव से प्रेम करता हैं।

जरूरत है। केबल फैक्ट्री में 01-10-06 को कवि सम्मेलन के संयोजक इंदौर के कवि डा. सुरेश ने सही कविता पढ़ी कि बेटी गरबा में ठीक से जाना, उपहार में गर्भ न लेकर आना।

यह कवि का सत्य है जो समाज को उसका आईना दिखा रहा है गुजरात में डाक्टर इसके बाद होने वाले दुष्परिणाम बताते है। प्रत्येक स्थिति स्पष्ट नहीं लिखी जा सकती है। लेख का भाव समझे। इसमें बच्चों की कोई गलती नहीं हैं। माता पिता की गलती है जो ऐसे उत्सव में जाने से बच्चों को रोक सके और वे बाद की उलझनों से बच सकेंगे और ऐसे व्यावसायिक उत्सव व पंडाल खत्म हो जायेंगे। दीपावली पर हम लक्ष्मी जी को अवश्य आमंत्रण दे, उनकी कृपा से खूब धन बरसे। लेकिन वह धन शुभ- कार्यों में सदुपयोग हो। तभी लक्ष्मी जी प्रसन्न होकर उसी स्थान पर वास करती है क्योंकि लक्ष्मी जी चंचल रहती हैं, कही फिर न घर से चली जाएं। लक्ष्मी के साथ हम गणेश जी की पूजा करते है, जो बुद्धि के प्रतीक है, उनसे हम प्रार्थना करें कि हमारी बुद्धि को कुशाग्र बनाएं, सद्बुद्धि बनाएं, निर्मल बनाएं। अभिमानी नहीं। दीपावली पर भगवान श्री राम व सीता जी के अयोध्या आगमन पर उनके स्वागत के लिये दीप जलाकर मनाई जाती है। आइये हम भी ज्ञान का दीप जलाएं और मर्यादा पुरुषोत्तम श्रीराम व सती सावित्री सीता माता जैसी मर्यादा, चरित्र, संस्कार को आमंत्रण देकर अपनाएं। घर व समाज को संस्कारिक व सुचरित्र बनाएं।

कहावत है कि धन गया तो कुछ नहीं गया, स्वास्थ्य गया तो कुछ गया, लेकिन चरित्र गया तो सब कुछ गया।

प्रभु-संत के चरण नहीं, चरित्र को छूओ।

अध्याय-22

एक आदर्श व्यक्ति की विशेषताएं - एक अच्छा मनुष्य होना

हमारा अनुभव कहता है, एक आदर्श व्यक्ति, जो कि अच्छा और सफल मनुष्य हो वह एक बेहतर समाज और राष्ट्र के निर्माण में सहायता करता है। आइए, बेहतर मनुष्य की कुछ विशेषताओं की बात करते हैं।

अच्छे व्यक्ति कैसे बनें?

1. **जन संपर्क कौशल (पब्लिक रिलेशन स्किल)**

   a. अपने साथियों और अपने सहकर्मियों के बीच दोनों में ही किसी का भी दृष्टिकोण समझने के लिए प्रभावी दोतरफा मौखिक, गैर- मौखिक और लिखित संप्रेषण आवश्यक है। यदि संप्रेषण संक्षिप्त और सटीक है, तो वह न केवल समय और ऊर्जा बचाता है बल्कि निराश भी नहीं होने देता।

   b. सहकर्मियों, ग्राहकों आदि को विश्वास दिलाने के लिए ज्ञान के साथ-साथ सार्वजनिक रूप से बोल पाने की योग्यता की आवश्यकता है।

   c. आम जनता और ग्राहकों के साथ संबंध को बनाए रखना

2. **निर्णय लेने की क्षमता**

   a. आत्मविश्वास

   b. समस्या का समाधान करने की क्षमता

   c. कल्पना करने, शुरुआत करने, विचार करने और वैकल्पिक हल ढूँढने का प्रयास करना चाहिए।

   d. दूसरों को शामिल करने की, उत्तरदायित्व लेने और दूसरों को भी मौका देने की क्षमता

3. **ज्ञान**

   a. व्यापारिक पत्रिकाओं, लेखों, समाचारपत्रों आदि का अध्ययन करना ताकि स्वयं को अद्यतन रख सके और उन तक प्रसारित कर सकें जिन्हें उसकी आवश्यकता है।

   b. तकनीक में उन्नति के साथ स्वयं को तकनीकि रूप से सक्षम बनाना अत्यंत आवश्यक है।

लॉर्ड बेकन ने ठीक ही कहा है, "कुछ पुस्तकें चखी जाती हैं, कुछ निगल ली जाती है और कुछ चबाई और पचाई जाती हैं"। यह आज भी प्रासंगिक है।

4. **अन्य वैयक्तिक विशेषताएं**

बेहतरीन चरित्र, साहसी, कार्य प्रवृत्ति, अच्छी सामान्य सूझबूझ, सकारात्मक प्रवृत्ति, व्यावसायिक कौशल, कोई प्रतिरोध नहीं, कोई पूर्वाग्रह नहीं, कभी हार न मानने का जज्बा, भय हीन, पारदर्शी और पक्षपात रहित, दूसरों को प्रसन्न रखना और सहानुभूति रखना, मित्रों और कनिष्ठों से आदर प्राप्त करना, न्यायपूर्ण होना, प्रेम और दया रखना, उदारता और बड़ा दिल रखना, एक बहादुर व्यक्ति की तरह माफ करना, त्याग करके एक उदाहरण प्रस्तुत करना, महत्वाकांक्षी और प्रतिस्पर्धी होना, अच्छा शारीरिक और मानसिक स्वास्थ्य, अच्छे मूल्य और नैतिकता रखना जहाँ कोई बीच का रास्ता नहीं क्योंकि कोई या तो ईमानदार है या बेईमान है और या तो सही है या गलत है, इसमें समझौता नहीं हो सकता।

कहते हैं कि, "यदि संपत्ति खो जाती है तो कुछ नहीं खोता, यदि स्वास्थ्य खो जाता है तो कुछ खो जाता है पर यदि चरित्र खो जाता है तो सब कुछ खो जाता है।"

लचीलापन, रूढ़िवादी और जिद्दी न होना, विशेषतः एक परामर्शदाता की तरह सभी की सहायता करने का अवसर ढूँढना, ये सब होना चाहिए।

अच्छे व्यक्ति कैसे बनें?

मेरा विश्वास है कि मेहनत और दूसरों की सहायता करने का कोई विकल्प नहीं और मेहनत और अच्छी भावना के साथ जहाँ कहीं, जब कभी, जो कुछ भी किया जाता है, वह सर्वोत्तम होता है। यह मेरे जीवन का मिशन रहा है और इसने मुझे कभी असफल नहीं होने दिया।

एक कठिन लक्ष्य को प्राप्त करने के लिए सर्वोच्च त्याग करने के लिए भी तैयार रहें। यहाँ मैं कुछ पंक्तियों का जिक्र करना चाहूँगा जो मेरे पिताजी अकसर सुनाया करते थे जो मैं कभी नहीं भूलता:

"अगर कुछ बनना चाहते हो तो मिटा दे अपनी हस्ती को

कि दाना खाक में मिलकर गुलेगुलजार होता है"

इसका अर्थ है कि यदि आप जीवन में कुछ करना चाहते हो तो उसके लिए जितनी भी मेहनत करनी पड़े, करो" जैसे गेहूँ

जब तक हम कोशिश नहीं करेंगे, तब तक नहीं जान सकते कि आप क्या कर सकते हैं।

के बीज को मिट्टी के अंदर रखा जाता है परंतु जब फसल आती है तो हजारों-लाखों लोगों का पेट भरती है।

मनुष्य के पास जीवन में एक सपना, एक इच्छा और एक दृष्टि होनी चाहिए। मुझे उद्योगपति धीरूभाई अंबानी की पंक्तियां याद आती हैं, "बड़े सपने देखो, बड़े की इच्छा करो, बड़ा ही होगा।"

मैंने इसे अपनाने का प्रयास किया है और पाया है कि यह सत्य है, बशर्ते हम लक्ष्य को पाने का प्रयास इस तरह करें जैसे महाभारत में अर्जुन को भगवान कृष्ण ने सलाह दी है, "केवल चिड़िया की आँख में देखो और केवल चिड़िया की आँख का ही निशाना लगाने की चेष्टा करो।"

हम इन्हें IPLQ कहते हैं जो हर व्यक्ति में होनी चाहिए।

"करमण्ये वाधिकारस्ते मा फलेषु कदाचन"

गीता में श्रीकृष्ण ने अर्जुन को कहा है, जिसका अर्थ है कि कर्म करो, फल की चिंता मत करो।

अध्याय-23

एक आदर्श व्यक्ति - एक आदर्श लीडर

हर एक व्यक्ति एक प्रबंधक है जो घर, कार्य स्थल या बाहर ताउम्र किसी न किसी चीज का प्रबंधन करता है। वह स्थिति के अनुसार लोगों के साथ या उनके बिना अकेले भी प्रबंध कर सकता है।

प्रबंधन के लिए 5 M की आवश्यकता है - Money, methods, materials, machines और men जिनका सही जगह सही प्रयोग करके कोई भी बेहतरीन प्रबंधन कर सकता है।

प्रत्येक व्यक्ति या प्रबंधक एक लीडर हो भी सकता है या नहीं भी हो सकता है। वह ऐसा व्यक्ति है जो दूसरों को अनुकरण करने के लिए प्रेरित करे और उत्तरदायित्व को स्वीकार करे।

वर्तमान समय के जटिल और हमेशा बदलते रहने वाले वातावरण में, वह सारे कार्य स्वयं नहीं कर सकता है और उसे अपने आस-पास के और अधीनस्थ लोगों को विकसित करके, संवारकर टीम बनानी है और भावी लीडर तैयार करने हैं।

वह बनाई गई टीम के साथ समाज और राष्ट्र के विकास और वृद्धि में सहायता करता है। वह एक राजनेता भी हो सकता है या कहीं भी लीडर हो सकता है जो किसी भी परिचालन क्षेत्र में अपनी टीम के साथ प्रत्यक्ष या अप्रत्यक्ष वांछित परिणाम दे सकता है; चाहे वह एक वकील, परामर्शदाता, डॉक्टर, इंजीनियर जैसा कोई व्यवसायी हो, कोई नौकरी हो, कोई सरकारी कर्मचारी आदि हो।

एक लीडर का निर्णय उसके 'नेतृत्व' के द्वारा होता है।

मार्गदर्शक (लीडर)

L	सामने से नेतृत्व करता है, पीछे परंपरा छोड़ता है, एक अच्छा श्रोता होता है, बड़े दिल वाला होता है, अपने लोगों, अपने कार्य, अपनी संस्था से जुनून के साथ प्रेम करता है, शीघ्र सीखने वाला लगातार सीखने की इच्छा रखता है। "मैं आया, मैंने देखा, मैंने विजय प्राप्त की" एलेक्जेंडर
E	सक्षम, संबल प्रदान करने वाला, ऊर्जावान, प्रभावी, उत्साहपूर्ण, अनुभव से पैदा होने वाला अध्ययन, उद्योगपति वाली भावना

A	सक्षम, अनुकूलनीय (adaptable), स्पष्ट (clear), महत्वाकांक्षी (ambitious), चुस्त, समायोजनीय (accommodative), उदार होता है, दूसरों को वृद्धि करने की अनुमति देता है। विश्लेषणात्मक (analytical), प्रवृत्ति- सकारात्मक और सहायतापूर्ण, जिद्दी नहीं - नमनीय, नजरअंदाज करने, भूलने और माफ कर देने की क्षमता
D	दूरदृष्टि के साथ सपने देखने वाला, अनुशासित, जीतने की आदत विकसित करने वाला, लोगों को विकसित करने वाला, समर्पित, प्रतिबद्ध (dedicated), निर्णय लेने वाला, लोकतांत्रिक
E	सशक्त करने वाला, हिम्मत बढ़ाने वाला, सहानुभूति रखने वाला कर्मचारियों का कल्याण करने वाला, भावनात्मक नियंत्रण रखने वाला
R	उत्तरदायी, परिणामोन्मुखी (result oriented), यथार्थ वादी (practical), एक स्तर बनाए रखने वाला, पुरस्कार प्रदाता
S	विनम्र, रणनीति बनाने वाला, समाधानोन्मुखी (solution oriented), त्याग करने वाला सीधी बात करने वाला
H	विनम्र, विनयशील, ईमानदार, उच्च कार्य करने वाला, उच्च संबंध
I	प्रेरणादायी, संस्थात्मक निर्माता, नवोन्मेषी, पक्षपातरहित, ईमानदारी, सभी को शामिल करता है।

 उत्तम नागरिक कैसे बनें?

P	समस्या समाधान करने वाला, कार्य के लिए जुनून (passion), सकारात्मक, प्रेरक, लोगों पर ध्यान देने वाला, योजनाकार, क्षमाशील, व्यावसायिकता, निष्पादक

एक अच्छा, सक्षम और क्षमतावान लीडर टीम बनाता है क्योंकि एक साथ हम ज्यादा प्राप्त करते हैं।

टीम

T	एक साथ (Together), विश्वासपूर्ण (trustworthy), पारदर्शी (transparent), सच्चा (truthful), परिवर्तनकारी (transformational), कभी हार न मानना (tenacious), लक्ष्य (target)- मछली की आँख
E	प्रत्येक (everyone)
A	हासिल करता है (Achieves)
M	अधिक (More), प्रेरक (Motivator), उदार (Magnanimous)

एक अच्छे, प्रभावी और सफल लीडर के पाँच आवश्यक लक्षण

1	उत्तरदायित्व का भाव	स्वामित्व का भाव (Ownership), अपने मन और मस्तिष्क की विशेषताओं से दूसरों को प्रभावित और प्रेरित करने की क्षमता रखता हो।

2	निष्पादन करने के जुनून के साथ दृष्टि	ध्यान केंद्रित रखने वाला (focused) और नमनीय (flexible) परंतु मेहनत करने के लिए प्रतिबद्ध (determined) और दूसरों की सहायता करने वाला, उत्कृष्टता (excel) के साथ कार्य करने वाला और लोगों के साथ उच्च कार्य और उच्च स्तर के संबंध स्थापित करते हुए लक्ष्य प्राप्त करे – "जहाँ चाह, वहाँ राह"
3	लोगों में प्रेम, विश्वास और भरोसा होना	अपने लोगों, अपने कार्य और अपनी संस्था से प्रेम करता है, टीम को शामिल करते हुए सभी के लिए दयालु रहते हुए सलाहकार रहना, परामर्श देना, आशावादी रहना।
4	दोतरफा संप्रेषण (Two-way communication)	अधोमुखी (downward), उपरिमुखी (upward), संपार्श्विक (lateral), और गैरमौखिक (non-verbal) संप्रेषण की पूरी समझ

हम जितना काम करेंगे हमें उतनी ही सफलता प्राप्त होगी।

 उत्तम नागरिक कैसे बनें?

| | | तुरंत सीखने वाला, अच्छा श्रोता, सभी व्यक्तिओं, विफलताओं और घटनाओं से लगातार सीखने में विश्वास रखने वाला, पारंपरिक दोषारोपण, "मैं ठीक हूँ, तुम ठीक हो" कहने-सुनने की बजाय समस्या का समाधान करने की प्रवृत्ति रखने वाला |
| 5 | साहस | निर्णय लेने वाला, शुरुआत करने वाला, नवोन्मेषक (Innovator), प्रतिबद्ध (Determined) और दृढ़ (Firm) परंतु हठी (rigid) नहीं, भूल जाने वाला और क्षमा करने वाला और खुले दिमाग का व्यक्ति, दृढ़ - कभी हार न मानने वाली प्रवृत्ति वाला |

अध्याय-24

भगवद् गीता में एक लीडर के रूप में एक उत्तरदायी व्यक्ति

भगवद् गीता में एक गुरु के रूप में भगवान कृष्ण बेहतरीन कार्य करते हैं। एक आदर्श व्यक्ति के एक लीडर होने के लिए और स्वयं में सुधार करने के लिए गीता का प्रत्येक श्लोक एक चमकता हुआ रत्न है।

स्वामी विवेकानंद ने कहा है "वेदांत एक धर्म के रूप में अत्यंत व्यावहारिक (practical) है। हमें अपने जीवन के प्रत्येक भाग में इसे अपनाना चाहिए और केवल यही नहीं, दुनियावी जीवन और धर्म के बीच का अंतर समाप्त हो जाना

चाहिए-वेदांत एकत्व (unity) सिखाता है। जब हम भगवद् गीता पर आते हैं तो यह वेदांत दर्शन पर सर्वोत्तम टीका (commentary) है।

युद्धस्थल (battlefield) भगवान कृष्ण अर्जुन को यह दर्शन बताते हैं; गीता के प्रत्येक पृष्ठ में जो सिद्धांत दिखता है वह है गहन क्रियाकलाप (intense activity), परंतु इसके मर्म (core) में अनंत शांति (eternal peace) है।

स्वामी विवेकानन्द द्वारा दिए गए विचारों का अन्वेषण (exploration) करना ही प्रयास है। गीता के विभिन्न श्लोकों में जीवन में और प्रबंधन में लीडर के लिए गहन व्यावहारिक (intense practical) संदेश मिलते हैं। प्रयास आज के भौतिक वादी (materialistic) विश्व में प्रेम और दया के पुराने पाठ को पुनर्जीवित (revive) करने का और आंतरिक शांति और समृद्धि प्राप्त करने के लिए इन मूल्यों को उपयोगी बनाने का भी है।

एक मार्गदर्शक के रूप में एक आदर्श व्यक्ति को अत्यधिक लाभ हो सकता है यदि वह इन पहलुओं (aspects) पर और विश्व की सर्वाधिक आध्यात्मिक पुस्तक-भगवद् गीता की व्यावहारिक व्याख्या पर ध्यान करें।

भगवद् गीता युगों तक एक बड़े जनमानस की प्रेरणा का निरंतर स्रोत रही है। आइए हम इस अत्यंत अद्भुत रचना को लीडरशिप पर लागू करते हैं। कोई भी उन्हें अपने जीवन को समृद्ध करने के लिए प्रयोग कर सकते हैं। यहाँ भगवान कृष्ण एक मार्गदर्शक हैं और एक जिम्मेदार लीडर हैं। भगवान

कृष्ण एक बेहतरीन शिक्षक का उदाहरण हैं और अर्जुन एक बेहतरीन शिष्य का उदाहरण हैं।

यहाँ गुरु के रूप में भगवान कृष्ण के उपदेशों के कई बहुमूल्य पहलू हैं।

1. नेतृत्व को बढ़ावा देना (Encouraging Leadership) गीता अध्याय ii.3

एक जिम्मेदार शिक्षक और गुरु सीखने वाले-लीडरों के मनोबल को बढ़ाते हैं उन्हें प्रोत्साहित करते हैं और चुनौतियों का सामना करने तथा उन्हें अवसरों में बदलने के लिए कर्म करने के लिए प्रेरित करते हैं।

अपने स्वयं के निडर (undaunted) साहस से, संकट और अराजकता (chaos) का सामना करते हुए, अनुकरणीय (exemplary) नेता संभावित हारे (potential losers) हुए लोगों को पुनर्प्राप्ति (recovery) और जीत का मार्ग बताकर कुछ विजेताओं में परिवर्तित करता है।

"डिप्रेशन (Depression) के समय भी हौसला बुलंद रहता है।"

2. वर्तमान वास्तविकता (present reality) गीता अध्याय ii.11

जब टीम का कोई सदस्य विपत्ति (distress) में होता है, तो क्या हुआ है या क्या नहीं हुआ है, इस बारे में डर और चिंता

जो हुआ उसे स्वीकार करना और जो नहीं हुआ उसकी चिंता न करना ही बुद्धिमत्ता है।

करके वह अतीत या भविष्य में भाग जाता है यदि अनिर्णय की स्थिति होती है तो जिम्मेदार लीडर सदस्य को वर्तमान वास्तविकता में लाता है।

आमतौर पर, चिंता संबंधित व्यक्ति के तर्क (logic) और विश्वास (belief) के कारण होती है और जिम्मेदार लीडर सदस्य को तर्क और तर्क से परे वास्तविकता में ले जाता है, और उसे वर्तमान स्थिति का सामना करने और समाधान खोजने के लिए बुद्धिमान बनने में मदद करता है।

3. कर्म ही मार्ग है (Work is the Way) गीता अध्याय ii.47

"कर्मण्ये वाधिकारस्ते मा फलेषु कदाचन,

मा कर्मफल हेतुर्भुमा ते संगोअस्त्वकर्मणि

कर्म अपने कौशल (skill) एवं क्षमताओं (Abilities) को परिणामों और वास्तविकताओं में बदलने का तरीका है। एक व्यक्ति कर्म को स्वार्थी लाभ की लालसा के कारण सही कार्य न करके और उसके उपाय (Means) के बजाय उस काम को समाप्त करने की प्राथमिकता दे सकता है।

इसलिए हम अपना कर्म करें। यह हमारा अधिकार है। स्वार्थी लाभ के लिए आगे न बढ़े बल्कि कर्म से बचने के लिए कभी भी इच्छुक (inclined) न होकर कर्म के योगदान के लिए गहन प्रयास करें।

सत्य को रास्ते नहीं मिला करते इसलिए वो जहाँ भी कदम बड़ा देता है, नया रास्ता बन जाता है।

कर्म से जो मिलता है वह अनुग्रह (grace) है। अपने कर्म के पुरस्कारों का मूल्यांकन उन लोगों के लिए छोड़ दें जिन्हें मूल्यांकन करना है। अनुग्रह (grace) पूर्वक स्वीकार करें। एक बुद्धिमान गुरु सीखने वाले को 'सेवा' और उत्कृष्टता (Excellence) के महान लक्ष्यों को प्राप्त करने के लिए सही दिशा में पूर्ण प्रयासों को लागू करने के लिए मार्गदर्शन करता है।

"कर्म की उत्कृष्टता (Excellence) मूल्य जोड़ती है।"

4. अनदेखे को देखना(Seeing the Unseen) गीता अध्याय ii.69

प्रेरित और प्रेरणादायक दूरदर्शी (visionary) गुरु पूरी वास्तविकता को देखने के लिए शारीरिक, भावनात्मक और विचार स्तरों से परे देखता है। एक जिम्मेदार मार्गदर्शक स्वयं ऐसा द्रष्टा (seer) होता है जो लीडर और योगदान कर्ताओं को दिखावे, भावनाओं और विचारों से परे आगे बढ़ने के लिए प्रशिक्षित करता है। एक जिम्मेदार गुरु और संरक्षक जाग्रत, सतर्क, सचेत और जागरूक होते हैं।

जब सारा संसार सो रहा होता है, तो वह सीखने वाले के लिए समाधान खोजने के लिए जागता है। गुरु-शिक्षक-लीडर अच्छी नींद लेते हैं और नींद में चलने वाले मार्गदर्शक नहीं बल्कि जाग्रत (Wakeful) प्रशिक्षक होते हैं।

वे सभी छोटे-छोटे ज्ञान की धार को देखते है

5. कर्म और ज्ञान (Work and knowledge) गीता अध्याय iii.3

एक सफल मार्गदर्शक और एक सफल उपलब्धि कर्ता दोनों जानकार और व्यावहारिक होते हैं और उनमें दो अच्छी तरह से परिभाषित क्षमताएं होती हैं। एक क्षमता काम करने की है और दूसरी क्षमता सोचने एवं तर्क करने की है। गुरु लीडरों को करने एवं हासिल करने तथा जानने और कल्पना करने के लिए प्रेरित करता है। तब प्राप्त करने वाले न केवल उत्कृष्ट (excellent) गुणवत्ता के साथ कार्य करते हैं बल्कि वे जानते हैं कि कार्य क्या, कहाँ, कब, कैसे और क्यों है।

"ज्ञान एवं कौशल भावना तथा उत्कृष्टता (Excellence) का सार हैं।"

6. आपसी सहयोग (Mutual support) गीता अध्याय iii.11

आपसी स्वीकृति, समर्थन, सद्भावना और प्रयास सभी जिम्मेदार नेतृत्व की पहचान हैं। सभी आपसी कार्य करने वाले समूहों के बीच साझा करना और देखभाल करना समग्र कल्याण (wellbeing) को सुनिश्चित करता है।

यह आवश्यक है कि सफल लीडर और टीमें अपनी उपलब्धियों में गुरुओं, मार्ग दर्शकों और हित धारकों को याद रखें जिन्होंने उनका समर्थन किया तथा मूर्त एवं अमूर्त तरीके से अपना आभार व्यक्त किया। तब ही समर्थक अपना सहयोग जारी रखेंगे। यह सम्मान देने और आनंद की अनुभूति प्राप्त करने के निरंतर संबंध को सुनिश्चित करता है।

"सम्मान देना और आनंदानुभूति प्राप्त करना।"

7. उदाहरण के द्वारा नेतृत्व (Leadership BY Example) गीता अध्याय iii.21

कृपया लीडरों और गुरुओं के उदाहरण का अनुसरण करें। लीडरों का उनका व्यवहार, आचरण और मनोभाव लोगों के व्यवहार को प्रभावित करता है। इसलिए वरिष्ठ स्तर के लोगों के पास मूल्यों (values), सिद्धांतों (principles), परिणामों (results), संबंधों (relations), योगदान (contributions) और उत्कृष्टता (excellence) के संबंध में उदाहरण तथा मानक (standards) स्थापित करने की बड़ी जिम्मेदारी व कर्तव्य है। तब लोग स्वयं नेक ढंग से व्यवहार करेंगे और उत्कृष्ट योगदान देंगे। उत्कृष्टता (excellence) ही अधिक उत्कृष्टता (excellence) को जन्म देती है।

"नेतृत्व अपने ही उदाहरण से राह दिखा रहा है।"

8. अराजकता और उभरता हुआ नेतृत्व (Chaos and emerging Leadership) गीता अध्याय iv.7

"यदा यदा हि धर्मस्य ग्लानिर्भवती भारत

अभ्युत्थानम अधर्मस्य, तदात्मानम् सृजाम्यहम्"

जब गलत ऊपर है और सही नीचे है, तो यह अराजकता(chaos) है। अराजकता(chaos) के दौरान, आदेश नष्ट हो जाता है और अव्यवस्था बढ़ जाती है

अराजकता(chaos) के दौरान एक जिम्मेदार लीडर को अपनी पहल पर उभरना पड़ता है।

अराजकता (chaos) के दौरान कोई भी प्रत्यायोजन नहीं देता है लेकिन एक व्यक्ति गलत को सुधारने और सही को फिर से स्थापित करने की पूरी जिम्मेदारी लेता है। लीडर को किसी बाहरी प्रत्यायोजन या दिशा की तलाश किए बिना अपनी पहल पर करना होता है। इस प्रकार, अराजकता (chaos) के दौरान एक उभरता हुआ लीडर स्वयं निर्मित होता है।

एक बार जिम्मेदार नेतृत्व उभरने के बाद, सभी सकारात्मक ताकतें इसके चारों ओर एकत्र होगी और तेजी से ताकत हासिल करेंगी। पहल अराजकता (chaos) की कुंजी है।

"अराजकता(chaos) में एक लीडर जिम्मेदारी लेकर
उभरता है।"

9. अधिकार की रक्षा करना और उसकी स्थापना करना (protecting and establishing the right) गीता अध्याय iv.8

'परित्राणाय साधूनां विनाशाय च दुष्कृताम्

धर्म संस्थापनार्थाय संभवामि युगे युगे"

एक प्रेरक गुरु एवं एक योगदान देने वाले लीडर की दृष्टि (vision) और उद्देश्य (mission) बुराई को दूर करना तथा अधिकार की रक्षा करना है। एक उभरता हुआ पथ-प्रदर्शक (path making) लीडर दिव्य नेता होता है और वह ऊर्जा का एक क्षेत्र बनाता है जिससे चीजें सही तरीके से घटित होने लगती हैं।

"एक जिम्मेदार गुरु और प्रेरित नेता गलत को सुधारते
हैं और सही की रक्षा करते हैं।"

10. सीखना (Learning) गीता अध्याय iv.34

एक गुरु, एक शिक्षक और एक प्रशिक्षक के तीन गुण ज्ञान, अनुभव और संप्रेषण क्षमता है। बिना अनुभव के ज्ञान एक सिद्धांत है। ज्ञान के बिना अनुभव को बेहतर और समृद्ध नहीं किया जा सकता है। संप्रेषण क्षमता के बिना ज्ञान और अनुभव को आगे और साझा नहीं किया जा सकता है।

ज्ञान, अनुभव और संप्रेषण निरंतर प्रवाह सुनिश्चित कर सकते हैं। एक सीखने वाले के तीन गुण शिक्षक के प्रति सम्मान, चर्चा और शिक्षक की सेवा प्राप्त करने, अभ्यास करने और सुधार करने के रूप में होते हैं।

11. सबसे अच्छा दोस्त (स्वयं-सुधार) गीता अध्याय vi.5

आत्मज्ञानी(self-realized) गुरु दूसरों के विकास में विश्वास नहीं करता। वह मानता है और जानता है कि लीडरों द्वारा आत्म-विकास (self-development) ही वास्तविक विकास है।

कोई किसी का विकास नहीं कर सकता। व्यक्ति को स्वयं का विकास करना होता है। परास्नातक (masters) केवल समर्थन (support), सहायता (help) और सशक्तिकरण (empower) का विस्तार कर सकते हैं। स्वयं सबसे अच्छा मित्र है जब व्यक्ति अपने मन पर पूर्ण नियंत्रण रखता है। जब कोई अपने मन के वश में हो जाता है, तो वह अपना शत्रु बन जाता है। अपने मन(mind) पर नियंत्रण रखें और अपने सबसे अच्छे दोस्त बनें। प्रेम करने वाला मन(mind) सबसे अच्छा दोस्त है। सकारात्मकता स्वयं की मित्रता है और नकारात्मकता शत्रुता है। वास्तव में, जिम्मेदार लीडर एक विश्वसनीय और सबसे अच्छा दोस्त होता है।

"मन (*mind*) पर ध्यान दो और अपने ही दोस्त बनो;
आत्म-सुधार से आत्म-साक्षात्कार होता है।"

12. वैल्यू एडिंग लीडरशिप (value adding Leadership) गीता अध्याय vii.7

एक उत्कृष्ट (outstanding) गुरु अपने लीडर को इस तरह प्रशिक्षित (trains) करता है कि वे जानते हैं कि नेतृत्व टीम, परिवार, कंपनी, समाज, देश और दुनिया की कनेक्टिंग (connecting) चेतना है जैसे कि एक धागा फूलों को जोड़ता है और कम मूल्य के व्यक्तिगत फूलों को एक उच्च मूल्य की सुंदर माला में बदल देता है। हम फूल, माला और उसकी सुंदरता देखते हैं लेकिन फूलों को जोड़ने वाला धागा छिपा हुआ है। मूल्य जोड़ने वाला नेतृत्व छिपा हुआ मूल्य बढ़ाने वाला नेतृत्व है, जो व्यक्तिगत प्रयासों को चिरस्थायी योगदान में एकीकृत (integrating) करता है।

"नेतृत्व समूह को एक मूल्यवान टीम में परिवर्तित
कर रहा है।"

13. भूमिकाएँ (roles) गीता अध्याय ix.18

जिम्मेदार लीडर बहुमुखी (multifaceted) है और स्थिति की मांग के अनुसार कई भूमिकाएँ निभाता है। कभी वह रास्ता दिखाता है और कभी वह अंतिम स्थान बन जाता है जहां सभी कार्य निष्कर्ष पर आते हैं। कभी वह मुखिया की तरह काम करता है और कभी सिर्फ पर्यवेक्षक (observer) और गवाह (witness) के रूप में। कभी-कभी वह आश्रय (shelter) और समाधान (solution) बिंदु बन जाता है। वह एक शुभचिंतक (well-wisher) और दोस्त है। वह महत्वपूर्ण

योजनाओं और कार्यक्रमों के आरंभ और पूरे चरणों में मौजूद रहता है।

जिम्मेदार लीडर समाधानों का खजाना और भरोसेमंद सहारा (resource) है। यह वह व्यक्ति है जिससे टीम का विस्तार बढ़ता है और अच्छे संबंधों के रिश्तों, विचारों और भविष्य के नेतृत्व की संभावनाओं से भरे अच्छे कार्यों के फल से फलता-फूलता है।

एक जिम्मेदार लीडर उचित तरीके से उचित भूमिकाएं निभाता है।

"जोब (JOB) वह होती है जिसे समनुदेशित *(ASSIGNED)* किया जाता है। एक भूमिका वह है जो आवश्यक है।"

14. दृष्टि (vision) गीता अध्याय xi.5:

कल्पनाशील लीडर या गुरु सीखने वाले और टीम के सदस्यों को हजारों दर्शनों(visions) के माध्यम से प्रेरित करता है। उसके पास न केवल समग्रता (totality) के दृष्टि (vision) हैं बल्कि वह अपने सीखने वाले और सहयोगियों को विकसित करने और उन्हें देखने में मदद करता है। दृष्टि (vision) प्रेरित करता है। यह उद्देश्य (Mission) बनाता है। फिर टीम को उस उद्देश्य (Mission) को पूरा करने के लिए कार्रवाई करनी होगी जो दृष्टि (vision) को साकार करता है। दृष्टि (vision) और कुछ नहीं बल्कि हजार संभावित संयोजनों (combinations) और परिदृश्यों (scenarios) को देख रही है।

"दूरदर्शी द्वारा कल्पना करना असंभव है

मिशनरी इसे संभव बनाता है।"

15. निष्ठा और प्रेम (Devotion and Love) गीता अध्याय xii.20

जिम्मेदार लीडर सही और स्पष्ट तरीके से टीम के सदस्यों के प्रति अपने प्रेम का इजहार करता है। जब सहकर्मी निष्ठा (Devotion) के साथ सही रास्ते को समझते हैं और अपनाते हैं तो जिम्मेदार लीडर न केवल उनकी सराहना करता है, बल्कि उनका हमेशा आभारी भी रहता है।

लीडर और टीम के सदस्यों के बीच प्यार की कड़ी सबसे टिकाऊ कड़ी होती है और प्यार सदस्यों को आश्वस्त और प्रेरित करता है। जिम्मेदार लीडर के लिए समर्पित योगदान कर्ता सबसे प्रिय मित्र है।

"समर्पण (dedication) से प्रेम पैदा होता है और प्रेम से समर्पण (dedication)।"

16. सशक्तिकरण स्वतंत्रता(Empowering Freedom) गीता अध्याय xviii.63

एक जिम्मेदार लीडर अपने सदस्यों को चुनाव की स्वतंत्रता(freedom) का आश्वासन देता है। यद्यपि वह क्या करना है और कैसे करना है, इसके बारे में पूरी जानकारी, सूचना और विचार देता है, वह अंत में कार्यान्वयन कर्ता के लिए विकल्प छोड़ देता है।

वह सदस्य को सलाह देता है कि वह सोच समझ कर सभी विकल्पों पर विचार करे और अपने निष्कर्ष के अनुसार सबसे अच्छा विकल्प चुने। इस प्रकार वास्तविक लीडर अपनी टीम पर निर्णय नहीं थोपता है लेकिन स्थिति के विभिन्न कोणों

को उजागर करने के बाद, उन्हें अपनी पसंद के अनुसार कार्य करने के लिए छोड़ देता है। क्या किया जाना है यह चुनने की स्वतंत्रता(freedom) सुनिश्चित करना सशक्तिकरण (Empowering) है।

सौंपे गए कार्य को कैसे पूरा किया जाए, इस बारे में निर्णय लेने का अधिकार प्रत्यायोजन (delegation) है। सशक्तिकरण (Empowering) कार्य को स्वयं चुनने के अधिकार के साथ-साथ यह निर्णय लेने का अधिकार है कि उसे कैसे करना है।

एक जिम्मेदार लीडर स्वतंत्रता (freedom) को सशक्त (empowered) बनाता है। सशक्त (empowered) टीम के सदस्य तब सही काम और सही तरीका चुनते हैं। जब किसी टीम के अधिकार प्राप्त सदस्य सही काम और सही रास्ता चुनते हैं, तो वे खुद लीडर बन जाते हैं। तब लीडर और उनकी टीम में कोई अंतर नहीं होता है।

"सशक्तिकरण समर्पित टीम के सदस्यों को जिम्मेदार लीडरों में बदल देता है।"

17. अंतिम बिंदु (Final Point) गीता अध्याय xviii.66

एक जिम्मेदार लीडर टीम के सदस्यों को अंतिम विश्वास दिलाता है कि यदि सब कुछ विफल हो जाता है, तो वह टीम के लीडर के रूप में न केवल खुद को स्थिति में शामिल करेगा बल्कि सभी समस्याओं का समाधान भी ढूंढेगा।

इस प्रकार, एक जिम्मेदार लीडर, अपनी टीम के सदस्यों को पूरा प्यार, समर्पण, सशक्तिकरण और विश्वास देने के बाद, अंतिम जवाबदेही अपने पास रखता है। वह जिम्मेदारी से

नहीं हटता है और जो भी समर्थन की आवश्यकता होती है उसे देने के लिए हमेशा पीछे खड़ा रहता है।

लीडर का आश्वासन (assurance) बीमा (insurance) का काम करता है और एक निरंतर भावना है कि सब कुछ खो जाने पर भी कुछ भी नहीं खोया है। इस आश्वासन (assurance) और बीमा (insurance) से वास्तव में कुछ भी नहीं खोएगा और सब कुछ प्राप्त होगा। जिम्मेदार नेतृत्व और टीम का साहस एवं दृढ़ विश्वास विजयी टीम की आधार शिला है।

"जब कोई रास्ता न हो तो लीडर ही रास्ता होता है।"

18. सफल टीम और प्रेरणा देने वाला (successful Team & Inspiring path shower) गीता अध्याय xvii.78

सही लीडर और सही उपलब्धि हासिल करने वाले का संयोजन (combination), सही पथ-निर्माता (right path maker) और समर्पित योगदानकर्ता (devoted contributor) का संयोजन इष्टतम संयोजन (optimal combination) है जो समृद्धि (prosperity), सफलता (success), सही नीति (right policy) और उचित विकास (sound growth) सुनिश्चित करेगा।

लोगों के बिना एक लीडर के पास अपनी दृष्टि (vision) को उद्देश्य और कार्य में बदलने का कोई साधन नहीं है। नेतृत्व के बिना लोगों की कोई दिशा नहीं होती है। दिशा और गतिशीलता और दृष्टि (vision) और उद्देश्य (mission) का संयोजन सबसे अच्छा है। जब एक लीडर दूरदर्शी (visionary)

होगा तो प्रतिभागी (participant) प्रचारक (missionary) होगा।

जिम्मेदार लीडर हेडलाइट की तरह होता है और योगदान देने वाला एक इंजन की तरह होता है। चमकदार प्रकाश के साथ शक्तिशाली इंजन उत्कृष्ट प्रगति करेगा।

लीडर और टीम को न केवल सफलता (success) और समृद्धि (prosperity) सुनिश्चित करनी होती है, बल्कि सुदृढ़ विकास और सही नीति भी सुनिश्चित करनी होती है।

ध्वनि वृद्धि समग्र विकास है जिसमें प्रत्येक भाग की संपूर्ण प्रगति, विकास, वृद्धि और संवर्धन भी शामिल है। सही नीति वह दिशानिर्देश है जो यह सुनिश्चित करता है कि सभी सोच समरसता (Harmony) और स्पष्टता (Clarity) के माध्यम से दृष्टि (Vision) और उद्देश्य (Mission) की ओर निर्देशित हो।

समरसता (Harmony) और स्पष्टता (Clarity) आवश्यक तत्व हैं जो दूरदर्शिता (Foresight) और अंतर्दृष्टि,(Insight) के साथ-साथ समग्र कल्याण सुनिश्चित करेंगे।

"दिशा (Direction) + गतिशीलता (Dynamism) = समरसतापूर्ण प्रगति (Harmonious Progress)।" ये भगवद् गीता में भगवान कृष्ण द्वारा सिखाए गए उत्कृष्ट (Outstanding) नेतृत्व पाठों की झलक हैं।

अध्याय-25

सीखना निरंतर और अनंत है

Learning is Continuous and Endless

प्रोफेसर आर. एल. स्टीवेन्सन ने अपने प्रसिद्ध निबंध एल्डौरैडो में कहा है, "गंतव्य पर पहुँचने की तुलना में उम्मीद से यात्रा करना बेहतर है और सच्ची सफलता मेहनत करना है।"

जे. कृष्णमूर्ति ने कहा, "शिक्षा का कोई अंत नहीं है। ऐसा नहीं है कि आप किताब पढ़ते हैं, परीक्षा पास करते हैं और

पढ़ाई पूरी करते हैं। संपूर्ण जीवन, जिस समय आप पैदा होते हैं जिस समय आप मरते हैं तब तक सीखने की एक प्रक्रिया है।"

अल्बर्ट आइंस्टीन ने कहा था, "एक बार जब आप सीखना बंद कर देते हैं, तो आप निराश होने लगते हैं।"

हेनरी फोर्ड ने कहा, "जो कोई भी सीखना बंद कर देता है वह बूढ़ा हो जाता है, चाहे वह बीस या अस्सी का हो। जो सीखता रहता है वह जवान रहता है।"

"जितना अधिक मैं सीखता हूं, उतना ही मैंने सीखा है कि मुझे और जानने की जरूरत है कि मैं कितना नहीं जानता।" - अल्बर्ट आइंस्टीन

सभी के लिए जीवन और करियर एक यात्रा है तथा व्यक्तित्व, ज्ञान और शिक्षा की साधना एक लंबी प्रक्रिया है जो कभी समाप्त नहीं होती है।

जीवन के हर पड़ाव पर सभी को चाहिए:

a. ज्ञान (Knowledge) - शिक्षा, प्रशिक्षण, सलाह आदि के माध्यम से

b. कौशल (Skills) - शार्पनिंग (Sharpening)

c. मनोभाव (Attitude) - अद्यतन (updated) रखने के लिए आवश्यक परिवर्तन प्रौद्योगिकी प्रगति, सूचना क्रांति और मोबाइल, इंटरनेट, टीवी आदि जैसे बहुत से नवाचारों (Innovation) के साथ, लोगों में पढ़ने की आदत कम हो रही है।

लॉर्ड बेकन ने बहुत पहले कहा था, जो आज भी प्रासंगिक और सत्य है।

"एक पूर्ण आदमी पढ़ता है, एक सटीक आदमी लिखता है और एक तैयार आदमी सम्मेलन में बोलता है।"

"कुछ किताबें को चखा जाना, कुछ को निगल जाना एवं कुछ को चबाया और पचाया जाना है।"

जीवन भर (Life Long) सीखना:

a. जीवन भर (Life Long) सीखने का अनुसरण जीवन भर (Life Long) किया जाता है: ऐसा सीखना जो लचीला, विविध एवं अलग-अलग समय पर और विभिन्न स्थानों पर उपलब्ध हो।

b. जीवन भर (Life Long) सीखना पारंपरिक स्कूली शिक्षा से परे है और पूरे वयस्क जीवन में सीखने को बढ़ावा देते हुए विभिन्न क्षेत्रों को पार करता है।

c. जीवन भर (Life Long) सीखने से लोगों में रचनात्मकता (Creativity), पहल (initiative) और प्रतिक्रियात्मकता (responsiveness) पैदा हो सकती है, जिससे वे अनिश्चितता को प्रबंधित करने, संस्कृतियों, उप-संस्कृतियों, परिवारों और संघर्षों (conflicts) पर बातचीत करने के लिए कौशल बढ़ाने के माध्यम से अनुकूल क्षमता दिखाने में सक्षम होते हैं।

सीखने के लिए सीखने और जीवन भर (Life Long) सीखने की क्षमता (Ability) पर जोर दिया जाता है।

ज्ञान अर्जित किया जा सकता है और कौशल-सेट कहीं भी विकसित किए जा सकते हैं। सीखना अनिवार्य है और हर समय होता है। हालांकि आजीवन सीखना व्यक्तिगत और व्यावसायिक विकास दोनों के लिए सीखने के लिए सकारात्मक दृष्टिकोण बनाने और बनाए रखने के बारे में है।

जीवन भर (Life Long) सीखने वाले सीखने और विकसित होने के लिए प्रेरित होते हैं क्योंकि वे सीखना चाहते हैं। यह एक जानबूझकर और स्वैच्छिक कार्य है। यह स्व-निर्देशित सीखने के बराबर है जीवन भर (Life Long) सीखने से हमारे आस-पास की दुनिया के बारे में हमारी समझ में वृद्धि हो सकती है, हमें अधिक ओर बेहतर अवसर मिल सकते हैं और हमारे जीवन की गुणवत्ता में सुधार हो सकता है। अपने लिए सीखना अपने फायदे लाता है।

किसी भी संदर्भ में सीखना:

a. हमारे आत्मविश्वास (Confidence) और स्वाभिमान (self-esteem) को बढ़ाता है।

b. जब ऐसा होता है तो हमें कम जोखिम वाले और बदलने के लिए अधिक अनुकूल बनाता है।

c. हमें अधिक संतोषजनक व्यक्तिगत जीवन जीने में मदद करता है।

d. हमारे विचारों (Ideas) और मान्यताओं (Beliefs) को चुनौती देता है।

e. पेशेवर विकास के लिए भी हो सकता है क्योंकि नियोक्ता (Employers) हस्तांतरणीय (Transferable) कौशल वाले संतुलित लोगों को देखते हैं।

 उत्तम नागरिक कैसे बनें?

f. अपनी गलतियों के साथ-साथ अपनी सफलताओं से भी सीखें और हमेशा सकारात्मक रहने की कोशिश करें।

g. आपकी उम्र जो भी हो, शुरू होने में कभी देर नहीं होती है।

h. सीखना एक निरंतर प्रक्रिया है जो जन्म से शुरू होती है और मृत्यु तक जारी रहती है; यह वह प्रक्रिया है जिसके माध्यम से हम अपने अनुभव का उपयोग नई परिस्थितियों से निपटने और संबंधों को विकसित करने के लिए करते हैं।

i. हमारी बहुत सी सीख जीवन भर (Life Long) बेतरतीब ढंग से, नए अनुभवों से, जानकारी प्राप्त करने से और हमारी धारणाओं से होती है। उदाहरण के लिए, अखबार पढ़ना, किसी मित्र या सहकर्मी के साथ बात करना, मिलने का मौका और अप्रत्याशित अनुभव है।

j. जीवन में कई अनुभव हमें सीखने के अवसर प्रदान करते हैं जिससे हम यह चुन सकते हैं कि हम सीखना चाहते हैं या नहीं।

इस प्रकार का अनुभवात्मक (Experiential) सीखना सीखने के अधिक औपचारिक दृष्टिकोणों जैसे प्रशिक्षण, परामर्श, कोचिंग आदि के विपरीत है।

a. शिक्षण, प्रशिक्षण और अन्य संरचित (structured) सीखने के अवसर ऐसी गतिविधियाँ हैं जो एक व्यक्ति

दूसरे के साथ करता है, जबकि सीखना कुछ ऐसा है जो हम केवल अपने लिए कर सकते हैं।

b. सीखने में सोचने से कहीं अधिक शामिल होता है: इसमें संपूर्ण व्यक्तित्व शामिल होता है जैसे - इंद्रियां (senses), भावनाएं (feelings), अंतर्ज्ञान (intuition), विश्वास (believes), मूल्य (values) और इच्छा (will)। सीखना एक आंतरिक गतिविधि है और एक महत्वपूर्ण व्यक्तिगत विकास कौशल है।

अपनी पुस्तक, मास्टर इट फास्टर में, कॉलिन रोज़ ने छह चरणों का वर्णन किया है, उनका मानना है कि एक प्रभावी सीखने वाला बनने के लिए निम्न गुण महत्वपूर्ण हैं:

1. **अभिप्रेरणा (Motivation):** जीवन भर (lifelong) सीखने के लिए स्वं-अभिप्रेरणा की आवश्यकता होती है।

2. **अधिग्रहण (Acquire):** प्रभावशाली सीखने के लिए आवश्यक है कि आप पढ़ने, सुनने, अवलोकन करने, अभ्यास करने और अनुभव के माध्यम से जानकारी प्राप्त करें। जानकारी आपके चारों तरफ है।

3. **खोज (Search):** सीखना तब सफल होता है जब हम जो जानकारी प्राप्त कर रहे हैं उसमें हम व्यक्तिगत अर्थ खोज सकते हैं। उन्हें समझे बिना याद रखना कठिन है।

4. **ट्रिगर (Trigger):** मनुष्य जानकारी को बनाए रखने में बेहद खराब हैं। आप विभिन्न तरीकों से स्मरण को

ट्रिगर (Trigger)करने में मदद कर सकते हैं। उदाहरण के लिए आप सीखने और विकसित करने में मदद करने के लिए नए विचारों और कौशल के साथ नोट्स, अभ्यास, चर्चा और प्रयोग कर सकते हैं।

5. **परीक्षण (Examine) करना:** आपने जो सीखा है उसे अपने दिमाग में मजबूत करने में मदद करने के लिए आपको नियमित रूप से अपने ज्ञान का परीक्षण करना चाहिए। हमेशा खुला दिमाग रखने की कोशिश करें, अपनी समझ पर सवाल उठाएं और नई जानकारी के लिए तैयार रहें।

6. **विचार (Reflect) करना:** अंत में, आपको अपने सीखने पर विचार करना चाहिए। इस बारे में सोचें कि आपने पहले और बाद में किसी विशेष विषय या स्थिति के बारे में कैसा महसूस किया, इसके बारे में आपने कैसे और क्यों सीखा।

सीखना तब होता है जब हम सक्षम (able) होते हैं:

a. विषय की संपूर्ण जानकारी से मानसिक या शारीरिक लाभ प्राप्त करें।

b. किसी विषय (subject), वृत्तांत (event) या भावना (feeling) को अपने शब्दों या कार्यों में व्याख्या करके समझें।

c. हमारे पास पहले से मौजूद कौशल और समझ के संयोजन के साथ हमारी नई अर्जित क्षमता या ज्ञान का उपयोग करें।

d. नए ज्ञान या कौशल के साथ कुछ करें और उसका स्वामित्व (ownership) लें।

आप जो अर्जित करते हैं उसे लागू करने और अपने आप से प्रश्न पूछने के बारे में सीखना है:

1. "यह विचार मेरे जीवन में कैसे मदद करता है?'

2. 'इस अनुभव ने मुझे अपने बारे में क्या सिखाया?'

3. कोई भी व्यक्ति और सभी से सीख सकता है यदि कोई नए विचारों को सुनने के लिए खुला दिमाग रखता है क्योंकि नवाचार (new ideas) किसी के भी व्यक्तित्व का सबसे महत्वपूर्ण पहलू है और यह अभूतपूर्व सफलता का प्रवेश द्वार है।

4. जीवन में आगे बढ़ने के लिए अपनी क्षमताओं और दूसरों की क्षमताओं में विश्वास के साथ (लचीलापन, अनुकूल क्षमता, सुविधा) के साथ एक सकारात्मक और खुला दिमाग बहुत आवश्यक है।

5. आशावाद और कभी हार न मानने वाला दृष्टिकोण आपको लक्ष्य प्राप्त होने तक प्रयास करते रहने में सक्षम बनाता है। "जीवन में कई असफलताएं ऐसे लोग हैं जिन्हें यह नहीं पता था कि वे सफलता के कितने करीब थे जब उन्होंने हार मान ली।"

6. औपचारिक सीखना संस्थानों में होता है।

7. गैर-औपचारिक सीखना, हालांकि यह व्यवस्था समर्पित शिक्षण संस्थानों के बाहर है, जबकि अनौपचारिक

सीखना इरादे से अलग है। यह लगभग कहीं भी हो सकता है लेकिन अन्य गतिविधियों के उप-उत्पाद के रूप में। यह अकसर अनियोजित होता है और सीखने पर स्पष्ट जोर दिए बिना, फिर भी मूल्यवान कौशल, ज्ञान और दृष्टिकोण के अधिग्रहण का कारण बन सकता है।

8. शिक्षा का अर्थ केवल डिग्री प्राप्त करने की औपचारिक शिक्षा नहीं है। यह ज्ञान की खोज है, कौशल व दृष्टिकोण को तेज करना और यह हासिल करना है कि किसी भी अवधि का जीवन काल छोटा है। हमें चल रहे बदलावों के अनुकूल होने की जरूरत है और अपने कम्फर्ट जोन से बाहर निकलकर खुद को और बेहतर बनाने की जरूरत है।

    a. सीखना आसान नहीं है - यह कठिन रास्ता है।

    b. जब तक आप स्वयं इच्छुक नहीं होंगे और सीखने का विकल्प नहीं चुनेंगे, तब तक आप कभी नहीं सीखेंगे।

    c. स्वयं-सीखना सबसे अच्छा सीखना है।

निरंतर सीखना और जीवन भर सीखने के कुछ उदाहरण:

a. माँ और बेटा एक साथ हाई स्कूल की परीक्षा दे रहे हैं।

b. ग्रेजुएशन, पोस्ट ग्रेजुएशन और पी.एच.डी. पूरा करने वाला नब्बे साल का एक व्यक्ति।

c. बैंकिंग में बहुत वरिष्ठ और वृद्ध व्यक्ति सी.ए.आई. आई.बी. परीक्षा दे रहे हैं।

d. जीवन भर (Life Long) सीखने का एक शानदार उदाहरण अमेरिकी लेखक लुइस एल'अमोर हैं।

e. बेहतर लीडर

f. जीवन भर (Life Long) सीखने वाला

एल'अमोर - एक स्वयं-सीखा हुआ व्यक्ति

एल'अमोर अमेरिका के सबसे अच्छे उपन्यासकार कथा लेखक थे। अपने करियर के दौरान उन्होंने 120 से अधिक पश्चिमी उपन्यासों के साथ-साथ लघु कथाओं और कविताओं के कई संग्रहों को पूर्ण किया।

पारिवारिक कठिनाइयों के कारण, एल'अमोर ने पंद्रह वर्ष की उम्र में स्कूल छोड़ दिया और अगले आठ साल पश्चिमी -अमेरिकी में अलग-अलग नौकरियों के लिए इधर उधर घूमने में समय बिताया, जबकि बीसवीं शताब्दी में एल'अमोर एक समुद्री व्यापारी (merchant marine) बन गए और स्टीम शिप (steamship) के माध्यम से दुनिया की यात्रा की।

इस पूरे समय के दौरान, एल 'अमोर किताबें पढ़ता रहता था। जैसे ही वह एक नए शहर में पैर रखता था, वह स्थानीय पुस्तकालय का पता लगाता था। यदि पुस्तकालय नहीं होते, तो वह भोजन छोड़ देता ताकि उसके पास कैटलॉग से किताबें मंगवाने के लिए पर्याप्त धन हो। वह एक नवोदित लेखक के रूप में अपने शिल्प पर भी काम कर रहें थे, सस्ते नोटपैड में नोटों को लिख रहें थे जो वह हर समय अपने पास रखते थे।

यात्रा के दौरान उनके सभी अनुभव, उनके द्वारा पढ़ी गई सभी पुस्तकें, और उनके द्वारा लिखे गए सभी नोट्स ने उनके बाद के सफल करियर की नींव रखी। लेकिन एल 'अमोर के एक स्थापित लेखक बनने के बाद भी सीखने की उनकी ललक जारी रही और उन्हें कई बार पुरस्कृत किया गया। वह मनमोहक जीवन का एक आदर्श उदाहरण है जिसे कोई भी अपने लिए अपना सकता है जो आजीवन सीखने वाला बनने की प्रतिबद्धता रखता है।

बेहतर नेतृत्व

दूसरों के साथ जुड़ने में सक्षम होने से न केवल आप और अधिक बेहतर बनते हैं। यह आपको और भी प्रभावशाली बनाता है। आपके ज्ञान का आधार जितना अधिक होगा, आप उतने ही अधिक लोगों से मिल सकेंगे जहां वे हैं, और समस्याओं से निपटने और चुनौतियों से पार पाने के लिए आपके पास समाधानों का भंडार अधिक होगा।

जो लोग पूर्व अमेरिकी राष्ट्रपति थियोडोर रूजवेल्ट से मिले, वे हमेशा किसी भी विषय पर किसी के साथ बातचीत करने की उनकी क्षमता से बहुत प्रभावित थे। रूजवेल्ट के जटिल सिद्धांतों के ज्ञान से वैज्ञानिकों के होश उड़ गए।

रूजवेल्ट इस तरह का करिश्माई, संवादी डायनेमो कैसे बन गया? तेजी से पढ़ने की क्षमता विकसित करना और फिर किताबों को शौक से पढ़ना जैसे एक और नई किताब को पढ़ने की योजना बना रहा है।

व्हाइट हाउस में रहते हुए वह हर दिन नाश्ते से पहले एक किताब पढ़ते थे। यदि शाम के समय उनका कोई अधिकारिक

कार्य नहीं होता, तो वे दो या तीन पुस्तकें और पढ़ते, साथ ही कोई भी ऐसी पत्रिका और समाचार पत्र पढ़ते जो उनके मन को अच्छी लगती थी।

अपने स्वयं के अनुमानों के अनुसार, थियोडोर रूजवेल्ट ने अपने जीवन काल के दौरान विदेशी भाषाओं में सैकड़ों सहित, दसियों हज़ार पुस्तकें पढ़ीं। नतीजन, वह जीवन के किसी भी क्षेत्र से किसी के साथ जुड़ सकता है, किसी ऐसी चीज पर जो वास्तव में दूसरे व्यक्ति को दिलचस्पी देती है।

जीवन भर (Lifelong) सीखने का कभी अंत नहीं होता और यह रॉबर्ट फ्रॉस्ट द्वारा की गई अभ्युति की तरह है -

"गहन सघन मनमोहक वन तरु मुझको आज बुलाते है,

किंतु किये जो वादे मैंने याद मुझे वो आते है,

अभी कहाँ आराम बड़ा यह मूक निमंत्रण छलना है,

अरे अभी तो मीलों मुझको, मीलों मुझको चलना है।"

अध्याय-26

एक आदर्श व्यक्ति के दस मूल कर्तव्य

एक सफल जीवन

1. जीवन में एक दृष्टि (vision), उद्देश्य (Mission) और लक्ष्य (Goal) हो। "बड़े सपने, बड़ी आकांक्षाएं (Big Desire) हों, तो जीवन में सब कुछ बड़ा ही होता है।"

2. सपने पूरे करने के लिए ईमानदारी से काम करें और लक्ष्य पर पहुँचने के लिए निर्धारित लक्ष्य रखें।

3. हमेशा ज्ञान प्राप्त करने की भूख हो, केवल सकारात्मक दृष्टिकोण के साथ कौशल का उन्नयन (Upgrade) करें।

4. सकारात्मक सोच रखें और अकेले आशावादी (Optimistic) बनें। कभी हार न मानें। सफलता या असफलता को स्वीकार करने का, ना कहने का, फिर से प्रयास करने का और लक्ष्य प्राप्त होने तक रुकने का साहस रखें।

5. कड़ी मेहनत करें, दूसरों की मदद करें और उत्कृष्टता (Excellence) प्राप्त करें। अपना काम ईमानदारी एवं पूरी लगन के साथ करें और परिणाम (Result) भगवान पर छोड़ दें क्योंकि वे आपके नियंत्रण (Control) में नहीं हैं।

जैसा कि भगवान कृष्ण ने भगवद् गीता में अर्जुन को प्रेरित किया: "कर्मण्यवाधिकारस्ते माँ फलेषु कदाचन।"

6. संप्रेषण (Communicate) करें, संप्रेषण करें, संप्रेषण करें। दो-तरफा प्रभावी संप्रेषण में विश्वास करें-नीचे की ओर, ऊपर की ओर, लेटरल (lateral); मौखिक, लिखित या अशाब्दिक।

7. एक अच्छे श्रोता) listener) बनें, धैर्य (patience) रखें और गुस्सा (Anger) न करें। भगवान के दिए हुए इस मनुष्य जीवन की सराहना करें कि दो कान ज्यादा सुनने के लिए दिए गए हैं जबकि मुंह कम बोलने के लिए। मातृभूमि और अपने लोगों से प्यार करो, अपने काम को जुनून के साथ प्यार करो।

8. एक टीम पर्सन (person) और टीम बिल्डर (Builder) बनें। अपने लोगों के प्रति सहानुभूति (Empathy), करुणा (Compassion) और उदार (Magnanimous)

रखें, संकीर्ण (Narrow) विचारों वालों की बजाय बड़े दिल वाले बनें।

9. अपने विचारों में कभी भी कठोर (Rigid) और अड़ियल (obstinate) न हों, खुले, दृढ़ (Firm) लेकिन लचीले (Flexible) और व्यावहारिक (Pragmatic) हों। सहकर्मियों के लिए पहल करने और नए विचारों के बारे में सोचने के लिए, अभिनव (Innovative) होने के लिए कम जोखिम वाली जगह बनाएं। जरूरत पड़ने पर उन्हें प्रशिक्षित और परामर्श दें।

10. समस्या समाधानकर्ता के रूप में एवं एक लीडर के रूप में उन्हें तैयार करें तथा भविष्य के नेतृत्व का निर्माण करें। जो काम आप प्यार (Love), लगन (Passion) और निष्ठा (Devotion) के साथ करते हैं उसके प्रतिनिधि (Delegate) बनें और दूसरों पर भी विश्वास करें।

एक आदर्श व्यक्ति का उद्देश्य समाज और राष्ट्र का निर्माण करने का प्रयास होता है:

"जहाँ चित्त भय से शून्य हो

जहाँ हम गर्व से माथा ऊंचा करके चल सकें

जहाँ ज्ञान मुक्त हो

जहाँ दिन रात विशाल वसुधा को खंडों में विभाजित कर

छोटे और छोटे आंगन न बनाए जाते हों

जहाँ हर वाक्य हृदय की गहराई से निकलता हो

जहाँ हर दिशा में कर्म की अजस्र नदी के स्रोत फूटते हो

और निरंतर अबाधित बहते हों

जहाँ विचारों की सरिता

तुच्छ आचारों की मरु भूमि में न खोती हो

जहाँ पुरुषार्थ सौ-सौ टुकड़ों में बंटा हुआ न हो

जहाँ पर सभी कर्म, भावनाएं, आनन्दानुभूतियाँ तुम्हारे
अनुगत हों

हे पिता, अपने हाथों से निर्दयता पूर्ण प्रहार कर

उसी स्वातंत्र्य स्वर्ग में इस सोते हुए भारत को जगाओ"

– रविंद्रनाथ टैगोर, गीतांजली

अध्याय-27

तैयारी-मोक्ष की

'तैयारी' एक ऐसा शब्द है जो हमारे जन्म से शुरू होता है और जीवन पर्यन्त हमारे साथ रहता है और हमारे साथ ही जाता है। केवल इसका अर्थ भावना, एवं समय परिस्थितियों के हिसाब से बदल जाते है।

हमारा जन्म हुआ- जन्मोत्सव की तैयारी' हुई। हम भौतिक जग या परिवेश में प्रवेश करते हैं और तैयारी शुरू हो जाती है- जो क्षणिक या कुछ समय बाद बदल जाती है। जन्म होने के बाद हमारी रोज किसी कार्य या घूमने के लिये माता पिता

जी तैयार करते है। फिर स्कूल जाने के समय-तैयारी कपड़े ड्रेस किताबों की तैयारी। खेलने जाते है तो खेल सामग्री लेकर जाने की तैयारी। फिर ऑफिस जाने की तैयारी, पर्यटन जाने की तैयारी। आदि-आदि।

इन सभी तैयारी में विभिन्न प्रकार की वस्तुओं का संग्रह करके जाते है, ताकि तकलीफ न हो। यह सभी तैयारी अस्थाई व क्षण-भंगुर रहती है।

हम उस तैयारी की तरफ ध्यान नहीं देते है जो स्थाई है, अंतिम छोर (बिंदु) है, चिर-सुखदाई है। उसकी तैयारी के लिये हम सामग्री इकट्ठा नहीं करते है। हम समय रहते चेत जाएं और तैयारी शुरू कर दे, त्याग व समर्पण की भावना रखते है हुए जीव, मनुष्य की सेवा करें, बड़े बुजुर्गों का आदर सम्मान करें, समाज व देश हित में कार्य करें एवं सुसंस्कृत होकर धार्मिक कार्य करें। ये हमारे तैयारी के सामान एकत्रित हो जाएं तो हम निश्चित ही मोक्ष- प्राप्ति की ओर अग्रसर होते है। बशर्ते हमारी तैयारी में कोई सामान की कमी न हो व नियत रूपी सड़क साफ हो। हम सभी को कोशिश करनी चाहिये कि हमारी अंतिम यात्रा की समाप्ति मोक्ष प्राप्ति में हो, हम स्वर्गवासी न हो।

हम बड़े फल व अच्छे फल की प्राप्ति करें ताकि मोक्ष प्राप्त करके इस आवागमन व चला चली की भाग दौड़ से मुक्ति प्राप्त हो एवं पूर्ण रूप से विश्राम मिले। भगवान हमारे साथ है बस हमें कर्म करना है। कर्म अच्छे व बुरे होते हैं लेकिन

गुब्बारा बोला-जो मेरे भीतर है, वही हमें ऊपर ले जाता है- बाहिर वाला नहीं।

हमें अच्छे कर्म को चुनकर इस भौतिक मेले में रहकर भी अपने को मोक्ष प्राप्ति के लिये तैयार करना है। प्रत्येक प्राणी जन्म लेता है उसके साथ ही उसका अंत- मरण भी निश्चित है। लेकिन हमारा यह भ्रम कितना सुखदायी है कि सोचते है कि सामने वाले की मृत्यु हो गई, लेकिन हमें अभी बहुत जीना हे और मरना नहीं है। इसी भ्रम में पूरा जीवन यों ही निकल जाता है और फिर "अब पछताय होत क्या जब जब चिड़िया चुग गयी खेत"। यदि हम समय से अपनी साफ दृष्टि की पैनी निगाह मोक्ष प्राप्ति के उद्देश्य पर रखें तो अवश्य सफल होगें। रसोइया खाना बनाकर हमें परोस देता है- लेकिन खाना हमें ही पड़ता है। तभी पेट भरता है। उसी तरह भगवान ने सभी को समान अवसर व सामग्री दी है- लेकिन उनका उपयोग तो हमें ही करना है। तैयारी करने की कोई उम्र नहीं होती है लेकिन हमें यथाशीघ्र इस रास्ते को पकड़कर मोक्ष प्राप्त कर लेना चाहिये। जीवन रूपी रथ के सारथी भगवान श्रीकृष्ण है लेकिन हमें अर्जुन बनकर सुकर्म रूपी बाण से.

इन इंद्रिय रूपी कौरवों की सेना का विनाश करना होगा। जीवन का मंत्र निशुल्क है

1. धीरे बोलिये - शांति मिलेगी।

2. अहम छोड़िये - बड़े बनेंगे।

3. भक्ति कीजिये - मुक्ति मिलेगी

> दूसरों के लिये क्या करूं, यही आत्मोन्नति का सच्चा मार्ग है।

4. विचार कीजिए - ज्ञान मिलेगा।

5. सेवा कीजिये - शक्ति मिलेगी।

6. संतोषी बनिये - सुख मिलेगा।

7. सहन कीजिये - देवत्व मिलेगा।

जीवन परिचय

नाम	-	**अतुल दुबे**
जन्म	-	**15.03.1957**
जन्म स्थान	-	सतना म.प्र.
व्यवसाय	-	एडवोकेट, इनकम टैक्स
पिता	-	स्व. श्री रामप्रसाद जी दुबे
माता	-	स्व. श्रीमती ऊषा दुबे
परिवार	-	श्रीमती **प्रतिभा दुबे एम.एच.सी., एल, टी. धर्मपत्नी**

सी.ए., श्री अशुंल दुबे, रैंक होल्डर, पुत्र

श्रीमती सुप्रिया दुबे, एम.फिल, पुत्रवधु

श्री आयुष दुबे, एमबीए, बिल्डर, रियल स्टेट, पुत्र

श्री **मुकुल दुबे, एडवोकेट, बड़े भाई**

श्रीमती **नीशु, भतीजी**

सी.ए., श्री पवन शर्मा, रैंक होल्डर, दमाद

पता	-	83, मास्टर प्लान, होम गार्ड आफिस के सामने, सिविल लाईन, सतना प्र.प्र.
मोबाईल	-	**9425173711, 6268562677**